Guía

SOBREVIVIR
A UNA
CATASTROFE
URBANA

Los Elementos Esenciales de
Supervivencia de Forma Sencilla
Pequeñas Medidas, Grandes Resultados

RICHARD DUARTE

Editorial:

HERITAGE PRESS
PUBLICATIONS

Heritage Press Publications, LLC
PO Box 561
Collinsville, MS 39325

Editora: Hanne Moon
Diseño de Portada y Páginas Interiores: Lisa Thomson, BZ Studio
Traductora: Maria Riega

Contenido

Nota del autor/editor
Exención de
responsabilidad

La información y otros materiales (en conjunto los "Materiales") contenidos en este libro se obtuvieron de fuentes que se consideran fiables y precisas. Sin embargo, los Materiales pueden contener imprecisiones o errores. El editor y el autor no brindan ninguna garantía respecto a la exactitud, fiabilidad, integridad o puntualidad de los materiales o sobre los resultados que se obtendrán del uso de los materiales. Ni el autor ni el editor, serán responsables de cualquier pérdida o daño supuestamente derivado de cualquier información o sugerencias contenidas en este libro, y no asumen ninguna responsabilidad por los incidentes o lesiones que resulten del uso o mal uso del Material. Ni el autor ni el editor se dedican a la prestación de asesoramiento o servicios profesionales al lector individual. Los materiales que se suministran son únicamente para fines ilustrativos y/o informativos, y no constituyen, ni pretenden proporcionar asesoramiento jurídico, médico, o cualquier otro tipo de asesoramiento profesional o de salvamento y socorrismo. El lector debe consultar con un profesional adecuado en cuanto a su situación individual. Cualquier utilización de la información contenida en este libro será únicamente por cuenta y riesgo del lector. La posesión, la propiedad y el uso de armas de fuego se rigen por las leyes estatales y federales. Los lectores deben consultar las leyes aplicables en su jurisdicción antes de comprar, poseer, usar, o de otra manera participar en actividades que involucren un arma de fuego. Si el lector tiene alguna duda en cuanto a las leyes aplicables en el lugar en el que reside, debe consultar a un abogado. Los comentarios y opiniones expresadas en este libro representan las opiniones personales de los individuos a los que se atribuyen y no son necesariamente las del editor o el autor, quienes no ofrecen ningún tipo de garantía, expresa o implícita, en cuanto a la fiabilidad, exactitud o integridad de los Materiales. Cualquier similitud o semejanza con personas reales, vivas o muertas, hechos reales, o lugares reales es mera coincidencia y no intencional.

Introducción

Cada año innumerables desastres naturales y provocados por el hombre amenazan nuestra seguridad, y podrían alterar la vida tal como la conocemos. Luego de una crisis o situación de emergencia, puede ponerse en peligro rápidamente nuestro acceso a alimentos, agua, atención médica y servicios públicos vitales. Después de unos pocos días sin estos recursos básicos para la vida, el mundo que nos rodea puede volverse irreconocible.

Si mañana te tocara vivir un gran desastre, ¿sabrías qué hacer? ¿Tendrías las habilidades y los suministros necesarios para sobrevivir? ¿Serías capaz de mantenerte a ti mismo y a tus seres queridos a salvo? O bien, ¿simplemente te convertirías en otro nombre más de una larga lista de víctimas?

Sobrevivir a una catástrofe urbana requiere una planificación anticipada, exhaustivos preparativos, y diversas habilidades. Pero, si bien muchos de nosotros estamos de acuerdo en que "estar preparado" permite salvar vidas, solo unos pocos realmente hacemos algo al respecto. (Se estima que menos del 1% de la población de Estados Unidos está preparada para un desastre o emergencia pública.) Para algunos, es debido a la falta de tiempo, dinero y/o habilidades. Para otros, las preocupaciones de la vida y las agotadoras exigencias cotidianas dejan poco tiempo para mucho más. Independientemente de las razones (excusas), todo lleva a la misma conclusión - en un momento dado el 99% de la población se encuentra expuesta, vulnerable, y sin preparación para hacer frente a la dura realidad. Esta complacencia ilógica debería ser inaceptable para la mayoría de las personas racionales.

¿Por qué se elaboró esta guía?

El propósito principal de esta guía es ayudarte a prepararte de forma rápida y fácil. En ella se resumen los elementos esenciales de supervivencia en un formato abreviado y fácil de utilizar - es una guía de inicio rápido para principiantes y una referencia práctica para los más avanzados. Prepararte es en realidad bastante sencillo una vez que te centras en los aspectos básicos de supervivencia en el mundo real e ignoras los mitos y las exageraciones, que son más una especie de entretenimiento antes que hechos reales. Las siguientes páginas están repletas de información práctica que necesitas saber, sin ningún tipo de sensacionalismo, alarmismo, ni dramatismo.

¿Qué debes esperar?

Cada sección de la guía está organizada en segmentos fáciles de seguir:

* *Lo que necesitas saber*—Los conceptos básicos de supervivencia presentados en un formato claro, conciso y fácil de usar.

* *Lo que necesitas hacer*—Pautas simples paso a paso para ayudarte a empezar con el mínimo de esfuerzo, tiempo y gastos.

* *Lo que debes obtener*—Listas integrales de los suministros que debes comprar y almacenar.

* *Consejos, ideas e información rápida*—Acceso rápido y fácil a los datos que necesitas.

* *Referencia de bolsillo/un vistazo a la supervivencia*—Para acceder rápidamente a información, medidas y detalles importantes.

No necesitas ser un "experto" en supervivencia para estar preparado. Puedes empezar en tan sólo unas cuantas horas; sólo tienes que concentrarte en las cosas que realmente tienen importancia.

Lo que no es

Esta guía no pretende ser tu única fuente de información. Es un punto de partida para que empieces a reflexionar y tomar acción en la dirección correcta. La preparación es un estilo de vida, y no es algo que puedas hacer en un fin de semana largo y luego olvidarte del asunto. Tienes que trabajar en ello, y aun cuando las habilidades son siempre mejores que las "cosas", nada de eso tendrá mucha importancia si nunca empiezas. Por último, no se trata de pesimismo, o escenarios apocalípticos del fin del mundo—se trata de asumir el control y tomar decisiones razonables, racionales y con sentido común basadas en el conocimiento y la lógica, no en el temor.

Usando tu guía – primeros pasos

La información de estas páginas proviene de la experiencia en la vida real, exhaustiva investigación, y un proceso de ensayo y error—en otras palabras, mucho del trabajo pesado ya ha sido hecho para ti. No tienes que leer toda la guía para empezar tus preparativos, puedes trabajar en una sección a la vez en cualquier orden que gustes. Pero, no importa cómo elijas hacerlo, lo importante es empezar.

Consejo rápido de preparación

Nada puede saberse al 100%, pero incluso algunos preparativos y planificaciones muy básicas aumentarán tremendamente tus oportunidades de sobrevivir durante un desastre.

Ninguno de nosotros puede siquiera evitar que ocurran cosas malas. Lo mejor que podemos esperar es tener una oportunidad de luchar. Cuando llegue el momento, estarás preparado o no lo estarás...la elección es tuya. Estar preparado no sólo aumentará significativamente tus oportunidades de supervivencia sino que te brindará tranquilidad. Sabiendo esto, ¿A qué estás esperando?

Mantente a Salvo y Preparado
Richard Duarte

Elementos básicos de supervivencia urbana

Estar "preparado" puede significar diferentes cosas para distintas personas. Esta falta de claridad a menudo crea confusión y complicaciones. Pero, en realidad, la preparación es bastante simple. Todos los desastres tienen una verdad subyacente común—para sobrevivir, necesitas los elementos básicos de supervivencia; estas son las piezas esenciales de cualquier plan de supervivencia viable. Llamo a estos elementos básicos los **Elementos Fundamentales de Supervivencia (EFS)**:

- Agua
- Comida
- Primeros auxilios y servicios médicos
- Seguridad y defensa personal
- Saber cuándo quedarse y cuándo salir
- Higiene y saneamiento

No importa quién seas o qué catástrofe urbana toque a tu puerta, necesitarás los EFS para sobrevivir; estos componentes esenciales de sentido común aumentan tus oportunidades de sobrevivir un desastre urbano. Si vas a dedicar tiempo, esfuerzo y dinero para prepararte, ¿no tiene sentido empezar con lo básico (y seguir enfocado en ello)? Al comprender y aplicar esta simple verdad, darás un enorme paso para prepararte para casi cualquier crisis.

Consejo rápido de preparación

Un error común que cometen las personas en cualquier situación de supervivencia es subestimar infinitamente los riesgos y sobrestimar sus habilidades.

Elementos Básicos de Supervivencia Urbana

Un Vistazo a la Supervivencia

Preparación urbana en 10 simples pasos:

1. *Expande tus opciones* – Estar preparado y tener un plan aumenta tu gama de opciones disponibles cuando más las necesites...antes, durante y después de una crisis.

2. *Enfócate en los elementos fundamentales de supervivencia* – Comida, agua, primeros auxilios, seguridad/defensa personal, saneamiento/higiene, y saber cuándo quedarte y cuando salir. Estas son las cosas que te mantendrán vivo.

3. *No te enfoques o te prepares para amenazas específicas* – Las amenazas son impredecibles y están fuera de tu control. Estar preparado no tiene que ver con tratar de predecir el futuro. Consiste en expandir tus opciones y aprovechar al máximo tus recursos disponibles.

4. *Seguridad y defensa personal* – Ninguna cantidad de alimentos, agua u otro recurso tendrá mucha importancia si estás muerto o gravemente herido. La seguridad y la defensa personal siempre serán la máxima prioridad.

5. *La redundancia es el rey* – Si sólo tienes uno de cualquier cosa, no tienes nada. Siempre ten una copia o respaldo de cualquier cosa que valga la pena tener. Esto incluye provisiones, equipo, y planes.

6. *Separa los hechos de la ficción* – Tus planes y preparativos de supervivencia tienen que ser realistas. Mantén la fantasía en el ámbito que le corresponde: los videojuegos, las películas y la TV.

7. **El conocimiento y las habilidades superan a las "cosas"** – Almacenar provisiones sin desarrollar el correspondiente saber hacer es acumular, no prepararse. El conocimiento y las habilidades siempre serán mejores que las "cosas".

8. **La mente es el recurso más valioso de supervivencia** – La habilidad de evaluar con precisión una situación y tomar decisiones sólidas es clave y mejorará tremendamente tus oportunidades de supervivencia. ¡Prepara la mente!

9. **La preparación es un estilo de vida** – Hazlo parte de tu rutina e incorpóralo en tu vida diaria, pero no te obsesiones. El equilibrio y el pensamiento racional son las claves para el éxito.

10. **Asume el control, convierte el pensamiento en acción** – Analiza las cosas detalladamente y planifica, pero también asegúrate de adoptar medidas. Haz tu mejor esfuerzo dentro de tus limitaciones y capacidades, pero empieza. Siempre sigue mejorando y perfeccionando tus planes y preparativos.

Elementos Básicos de Supervivencia Urbana

Consejo rápido de preparación

Nunca te enfoques a amenazas específicas. En vez de eso, concentra tus esfuerzos en asegurar los EFS. Los elementos básicos de supervivencia te serán muy útiles, no importa qué desastre aparezca en tu camino. Tratar de anticiparse y prepararse para amenazas específicas es poco práctico y te dejará expuesto a todas esas cosas que no anticipaste o no pudiste anticipar.

URBAN SURVIVAL BASICS

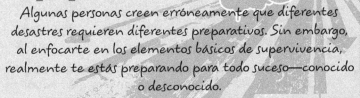

Consejo rápido de preparación

Algunas personas creen erróneamente que diferentes desastres requieren diferentes preparativos. Sin embargo, al enfocarte en los elementos básicos de supervivencia, realmente te estás preparando para todo suceso—conocido o desconocido.

ALIMENTOS

LO QUE DEBES SABER

- La mayoría de las personas no sobrevivirá más de tres semanas sin comida. Después de unos cuantos días sin comida, la salud, los niveles de energía y la moral empezarán a deteriorarse significativamente.

- Una crisis natural o causada por el hombre podría interrumpir la cadena de suministros de alimentos; las personas en las áreas urbanas y suburbanas son especialmente vulnerables. Incluso una interrupción por un periodo corto puede ser desastrosa.

- Las tiendas que venden alimentos al por menor mantienen usualmente un inventario de artículos en sus estantes para 72 horas o menos, pero las compras y el almacenamiento por pánico previos al desastre pueden dejar vacíos los estantes de las tiendas en cuestión de horas luego de grandes crisis.

- El hambre y el pánico causarán que personas, normalmente racionales y respetuosas de las leyes, cometan actos

Consejo rápido de preparación

El arroz con frijoles es la comida fundamental para la supervivencia. Los frijoles contienen muchos antioxidantes, fibra y minerales. Cuando se combinan con arroz, los frijoles proporcionan una excelente fuente de proteína de alta calidad. El arroz y los frijoles son económicos y se pueden almacenar bien con mínima preparación.

ALIMENTOS

de desesperación cuando busquen comida donde sea que puedan encontrarla. Tener un adecuado suministro de comida te permitirá evitar el caos fuera de casa.

- Tu primera prioridad en cuanto a alimentos es asegurar que puedas alimentarte a ti y a tus seres queridos durante una crisis. Todo está relacionado con tener suficientes calorías.

- Necesitas un plan viable de gestión de alimentos para aprovechar al máximo tu provisión de comida.

- Las fechas de etiquetado pueden ser confusas y a menudo malinterpretadas. Saber lo que significan realmente estas fechas y utilizarlas correctamente puede ahorrarte tiempo y dinero.

- La digestión de alimentos ricos en proteínas requiere agua extra. Almacena suficiente agua para tus necesidades.

LO QUE DEBES HACER

- Formula un plan de alimentos que proporcione al menos 2,000 calorías por persona, por día para no menos de 90 días (para un mayor tiempo si es posible).

- Almacena un surtido de alimentos no perecederos con alto contenido calórico, que no necesiten refrigeración, ni cocción, y muy poca o ninguna preparación. Las opciones simples de calentar y comer son las mejores.

- Mantén una variedad de alimentos que comes regularmente, y rota tus suministros a menudo para asegurar su frescura y para minimizar el desperdicio y los sobrantes.

Consejo rápido de preparación

La apropiada planificación, rotación, almacenamiento e inspección de los empaques y los recipientes de comida puede ayudar a reducir las posibilidades de enfermedades causadas por los alimentos y puede maximizar tus esfuerzos de almacenamiento de comida y tu dinero.

Consejo rápido de preparación

Los alimentos ideales para campamentos a los que sólo se les añade agua pueden proporcionar una comida en su propio envase, fácil, ligera y conveniente. Estas comidas se almacenan perfectamente y se rehidratan en cuestión de minutos. La desventaja es que pueden ser costosas. Es una buena opción para incluir en las denominadas "mochilas para emergencias".

ALIMENTOS

- Incluye comidas preparadas listas para comer, comidas deshidratadas estilo campamento, y alimentos de larga duración almacenados en latas número 10 y bolsas de poliéster delgado (Mylar) como una forma de complementar tus provisiones.

- Almacena todos los productos alimenticios en ambientes frescos, limpios y secos, lejos del calor, la humedad, la luz solar directa y las plagas.

- Ten en cuenta las alergias alimenticias y otros asuntos médicos cuando compres y almacenes comida.

- Si el dinero es limitado, empieza lentamente, y aumenta gradualmente tus provisiones.

- Evita comprar grandes cantidades de comida de larga duración cuyo sabor y fácil digestión no hayas comprobado previamente.

- Aprovecha las rebajas, cupones, y ofertas especiales para empezar tu programa de alimentos.

- Durante una crisis evita llamar la atención sobre ti o tus provisiones al cocinar al aire libre – esta es otra razón por la cual son mejores las opciones que se pueden calentar y comer.

- Evita cualquier alimento en recipientes que muestren señales de óxido, corrosión, daño en el sello, o latas que puedan estar abolladas, deformadas o infladas.

- Evita cualquier comida que esté decolorada, blanda, enmohecida, o que huela mal.

LO QUE DEBES OBTENER:

Los siguientes son ejemplos de alimentos ricos en calorías que se almacenan perfectamente y requieren poca o ninguna preparación:

- **Mantequilla de maní**—Tres cucharadas y media (100 g) proveen casi 600 calorías, más de 25 g de proteínas, vitaminas y minerales.

- **Mantequilla de almendra**—Una alternativa si no te gusta o eres alérgico a la mantequilla de maní.

- **Pastas**—Proporcionan muchos carbohidratos para tener energía.

- **Salsas para pastas**—Consigue una variedad de sabores.

- **Macarrones enlatados con queso, ravioles, espagueti, tortellini, conchas**—con carne, queso u otros sabores.

- **Atún**—Enlatado en agua, una lata (165 g) tiene casi 200 calorías y más de 42 g de proteínas.

- **Sardinas**—Las sardinas en aceite enlatadas tienen casi 200 calorías y casi 23 g de proteínas.

- **Pollo**—Una lata (140 g) de pollo provee casi 24 g de proteínas y 140 calorías.

Consejo rápido de preparación

Ten al menos dos abrelatas manuales de alta calidad, y varias opciones de recipientes sencillos para calentar en ellos mismos.

- **Salmón**—Una lata (140 g) de salmón provee casi 85 g de proteínas y 200 calorías.

- **Carnes enlatadas**—Cerdo, res, jamón, pavo, etc. Consigue una variedad.

- **Mariscos enlatados**—Ostras, almejas, mejillones.

- **Sopas enlatadas,** estofados, guisos, y chile.

- **Vegetales enlatados**—Alverjillas, maíz en grano entero, choclo, crema de choclo, espinaca, judías o porotos verdes, champiñones.

- **Arroz**—Una taza (195 g) de arroz blanco cocido tiene casi 240 calorías y más de 4 g de proteínas. (El arroz blanco se almacena mejor y se mantiene más tiempo que otros tipos de arroz.)

- **Frijoles**—Una taza (225 g) de frijoles negros tiene más de 200 calorías y 15 g de proteínas. Los frijoles enlatados pueden calentarse y comerse directo de la lata (negros, rojos, blancos, castilla o carita, pintos)

- **Avena**—Una taza (234 g) de avena regular o de preparación rápida tiene más de 160 calorías, 5.9 g de proteína, y es una fuente concentrada de fibra y nutrientes.

- **Miel**—Una onza de miel tiene casi 127 calorías.

- **Leche evaporada, condensada dulce, y en polvo instantánea** son todos productos que no necesitan refrigeración y buenas alternativas a la leche regular.

- **Chocolate negro**—70% a 85% de pasta de cacao, una barra (101 g) tiene casi 8 g de proteína y 600 calorías.

- **Pasas, ciruelas secas y otros frutos secos**—portátiles y nutritivas calorías para aportar energía.

- **Barras de granola**—Una barra usualmente provee 100 a más calorías, 5 g de proteínas, y 24 g de carbohidratos.

- **Barras de proteínas**—Algunas barras de proteínas contienen más de 500 calorías, 45 g de proteínas, y 50 g de carbohidratos.

ALIMENTOS

ALIMENTOS

- **Nueces y semillas**—Las almendras, acajúes, nueces, maníes, y semillas de girasol contienen casi 200 calorías por onza (1 onza = 28 g)

- **Fruta en latas o frascos**—Los productos empacados en jugos naturales también pueden ayudar con la hidratación.

- **Mezcla de panqueque y jarabe**—Gran comida casera y con muchas calorías (dos panqueques con jarabe tienen más de 500 calorías).

- **Aceite de oliva**—Una cucharada (14.8 g) contiene alrededor de 120 calorías.

- **Aceite de coco (extra virgen no refinado)**—Una cucharada (14.8 g) contiene casi 125 calorías.

- **Bebidas proteicas en polvo o bebidas nutricionales que reemplazan comidas**—Una medida (44 g) de bebida proteica en polvo mezclada con agua provee 200 calorías, y más de 20 g de proteína, fibra, potasio y carbohidratos.

- **Sal, pimienta, saborizantes, especias, hierbas secas, y otros condimentos comunes** para preparar y aderezar comidas básicas.

Puedes empezar tus preparativos de alimentos comprando unos cuantos artículos extra cada semana. Durante los próximos meses, tu almacenamiento de alimentos aumentará significativamente. Prueba todos los

Consejo rápido de preparación

Rocía unas cucharaditas de aceite vegetal, de oliva, de maíz o de canola sobre tus comidas de supervivencia como un reforzador de calorías. Estos aceites proveen casi 40 a 50 calorías por cucharadita.

Un Vistazo a la Supervivencia

Fechas de caducidad y almacenamiento de alimentos

Las fechas de etiquetado de los alimentos son importantes y cuando son usadas correctamente, pueden ser una herramienta significativa para ayudarte en la administración y rotación de tus valiosas provisiones. Los siguientes son algunos de los términos más comúnmente utilizados en las fechas de las etiquetas, lo qué significan, y una breve explicación de cómo utilizarlas:

- **"Vender antes de":** Esta fecha usualmente permite a la tienda saber cuánto tiempo deberían tener el producto en sus estantes. Esto no significa que será inseguro comer el producto después de la fecha "Vender antes de". La fecha es una herramienta para ayudar a los minoristas a rotar su inventario y exhibidores. Bajo apropiadas condiciones de almacenamiento, el producto probablemente estará de lo más fresco si se consume para esta fecha, pero será comestible por un razonable período de tiempo después de la fecha "Vender antes de".

- **"Comer antes de":** Esta es la fecha de uso recomendada por el fabricante para disfrutar el producto en su frescor máximo. Esta fecha puede variar significativamente para productos similares, dependiendo del fabricante.

BEST IF USED BY:

DEC 11 2013
1345 425 18:53

TP 30732001

ALIMENTOS

- **"Mejor antes de":** Esta fecha se refiere sólo a la calidad – no es un indicador de seguridad. Es una fecha sugerida para utilizar el producto disfrutando de su mejor calidad y sabor. Dependiendo de las condiciones de almacenamiento, muchos productos retendrán el sabor, la frescura y la calidad luego de esta fecha.

Hay muchos otros términos en uso de fechas de etiquetado, y las leyes que rigen los requisitos del fabricante varían de un estado a otro. El real significado de cada término variará dependiendo de quién fabrica el producto y dónde es vendido. Conocer lo que significan estas fechas y cómo usarlas puede ser muy útil al administrar tus provisiones de alimentos en todo su potencial.

---

nuevos productos antes de comprometerte a compras más grandes de alguno de los artículos, y rota tus provisiones de manera regular.

Condiciones de almacenamiento de alimentos

Almacena todos los productos alimenticios en ambientes frescos, limpios, secos, lejos del calor, la humedad y la luz solar directa (entre 50 a 70 grados Fahrenheit [10 a 20 grados Centígrados] es un buen rango). Las temperaturas de más de 100 grados son dañinas para los alimentos enlatados o empaquetados, y reducirán radicalmente su tiempo de caducidad.

Consejo rápido de preparación

Las comidas preparadas listas para comer (MREs) son comidas completas en un recipiente usadas para el personal militar. Estas comidas contienen muchas calorías y nutrientes en un cómodo envase pre-cocido y tienen un tiempo estimado de caducidad de cinco años (algunas incluso más).

AGUA E HIDRATACIÓN

LO QUE DEBES SABER

- El agua es una máxima prioridad de supervivencia, seguida sólo por la seguridad y la autodefensa. La mayoría de las personas no sobrevivirán más de tres días sin agua.

- Después de un desastre, el suministro público de agua puede ser inseguro o no estar disponible.

- La adecuada hidratación es esencial para mantener la capacidad de funcionamiento de tu organismo; el clima, el medio ambiente, las enfermedades, y un gran esfuerzo afectarán los requerimientos de ingesta de agua.

- Incluso el agua cristalina puede contener organismos patógenos transmitidos por el agua que pueden enfermarte muy seriamente. (Toda agua es considerada poco fiable hasta que ha sido desinfectada.)

- El agua poco potable siempre debe ser desinfectada antes que sea segura para tomar. (Nunca use agua poco potable para cepillarse los dientes, preparar comida, lavar las ollas, sartenes o platos, o para bañarse.)

- El agua puede ser desinfectada al matar cualquier organismo patógeno vivo orgánico transmitido por el agua.

- Los métodos de desinfección en esta guía no eliminarán la polución u otros contaminantes químicos comúnmente encontrados en muchas fuentes urbanas de agua.

Never Be Without

wat

emergen

Stores up to 1

Fresh D

IZARD 10 PC

U.S. AL No.
4,3 1,02

nes & Check Pump's
Pumped

Prevent

s Explosive

Only

ut Equipment

AGUA E HIDRATACIÓN

- La deshidratación ocurre cuando pierdes más agua de la que tomas, lo que provoca que tu organismo no tenga suficientes fluidos para su funcionamiento.

- La deshidratación puede ser extremadamente peligrosa; el enfoque más seguro es evitarla tomando suficiente agua.

- Consume mucha agua antes, durante y después de que estés activo. No esperes hasta que sientas sed para empezar a tomar agua.

- El riesgo de deshidratarse es especialmente alto durante días calurosos, cuando se realiza esfuerzo intenso, existe sudoración, vómitos/diarrea, u otra enfermedad.

- Beber agua no es suficiente—Debes también mantener un adecuado nivel de minerales esenciales (electrolitos).

- Evita comer comidas pesadas si el agua es escasa, especialmente alimentos ricos en proteínas y con alto contenido de grasa. Estos alimentos requieren mucha agua para digerirse. En vez de eso, come alimentos con gran contenido de agua (es decir, frutas, vegetales, etc.).

- Durante una crisis, no se debería desperdiciar agua. Recicla el agua no potable para otros usos. (El agua reciclada puede aún ser usada para descargar los baños, por ejemplo.)

LO QUE DEBES HACER

- Almacena una provisión de emergencia para un mínimo de 30 días de agua embotellada o agua corriente en contenedores de agua seguros—más si es posible. (Al menos dos galones (7.5 L) por persona, por día, para beber. Almacena algo extra para otros usos).

- Ten un plan de agua de emergencia a largo plazo con acceso potable a fuentes alternativas de agua limpia (es decir, un lago, fuente, estanque, tanque calentador de agua, etc.). Ver página 32.

- Ten al menos tres métodos diferentes para desinfectar el agua—más si es posible (químico, calor, filtro, Luz Ultravioleta, desinfección solar, etc.)

- Almacena provisiones para desinfectar el agua poco potable. Esto incluye lejía casera sin olor, tintura de yodo al 2 por ciento, una olla honda con tapa para hervir agua, un filtro de agua de gran capacidad con elementos extra de filtro, y suministros para desinfección solar y con UV, etc. (Siempre sea cuidadoso al manipular la lejía para evitar lastimarse.)

- Nunca subestime la importancia del agua o las consecuencias de no tener un plan de agua viable.

Consejo rápido de preparación

El agua de coco contiene de manera natural electrolitos esenciales y más potasio que un plátano. Es una forma natural de estar hidratado y reponer los electrolitos perdidos.

AGUA E HIDRATACIÓN

LO QUE DEBES OBTENER

- **Agua embotellada.** Almacena un suministro de agua embotellada para un mínimo de 30 días (no menos de dos galones (7.6 L) por persona, por día).

- **Recipientes de agua seguros.** Usa envases de comida seguros sin Bisfenol-A (BPA) para almacenar agua.

- **Manguera segura para agua** (usualmente en color blanco). Hecha con materiales aprobados por la FDA que son seguros para beber agua.

- **Lejía con cloro** (sin olor)

- **Embudos de plástico** (diferentes tamaños y estilos)

Consejo rápido de preparación

Nuestros cuerpos transpiran para regular la temperatura central. Sin embargo, la transpiración también provocar que el cuerpo pierda electrolitos.

- **Bomba(s) manuales de agua.** Ten al menos dos, y úsalas sólo para beber agua.

- Tintura de yodo, al 2 por ciento y solución de povidona yodada, al 10 por ciento.

- **Colirios** (almacena al menos media docena).

- **Filtros de café** para hacer un filtrado previo del agua.

- **Filtro(s) grandes para agua** y **elementos/filtros extra.**

- **Filtro(s) pequeños portátiles para agua** para cuando estén en movimiento.

- **Bolsas de plástico para almacenamiento y para refrigerar de un galón (3.8 L) y un cuarto de galón (950 ml).**

Consejo rápido de preparación

El agua que no es potable puede ser utilizada para otros fines: para hacer funcionar la cisterna del inodoro o para enjuagar baldes de cinco galones (18.9 L) que han sido utilizados para recoger residuos o desecharlos, por ejemplo.

Un Vistazo a la Supervivencia

EL AGUA CLARA SE PUEDE POTABILIZAR POR MEDIO DE:

o **CALOR**—Hervir el agua como mínimo durante dos minutos. Poner aparte a enfriar.

o **TRATAMIENTO QUÍMICO (Blanqueador)**—Añadir 2-4 gotas de blanqueador con cloro por cada cuarto de galón y dejar reposar como mínimo por 30-45 minutos.

o **TRATAMIENTO QUÍMICO (Yodo)**—Añadir 5-10 gotas de yodo, una solución al 2 por ciento, por cada cuarto de galón y dejar reposar como mínimo por 30-45 minutos.

o **RADIACIÓN SOLAR (Desinfección Solar o SODIS)**— Colocar el agua en un recipiente lavado, de plástico transparente, de uno o de dos litros, y dejar reposar a plena luz solar directa durante un mínimo de 6 horas. (Retirar todas las etiquetas del recipiente de plástico a fin de exponer el agua a la máxima cantidad de luz solar directa.)

o **FILTRADO**—Muchos filtros de agua eliminan bacterias y parásitos, pero no los virus. La nueva tecnología de filtrado elimina bacterias y virus. En caso de duda, tratar el agua con un producto químico desinfectante después del filtrado. (Seguir las indicaciones del fabricante para tu filtro.)

o **LUZ ULTRAVIOLETA (UV)**—Dispositivos móviles que proporcionan una dosis medida de luz UV para desinfectar el agua clara. (Seguir las indicaciones del fabricante de tu unidad UV.)

AGUA E HIDRATACIÓN

Nunca viertas agua desinfectada de nuevo en el recipiente que previamente había contenido el agua poco potable. También se debe desinfectar el recipiente antes de beber agua de él.

NOTA: *Dejar siempre reposar el agua turbia durante aproximadamente 30 minutos para permitir que los sedimentos se depositen en el fondo del recipiente antes del tratamiento o del filtrado. Dejar correr el agua resultante a través de un paño de algodón limpio o de un filtro de café para eliminar cualquier residuo adicional. Repetir el procedimiento según sea necesario hasta que el agua salga limpia, luego aplicar el tratamiento.*

FUENTES DE AGUA ALTERNATIVAS DE EMERGENCIA

El agua almacenada es tu primera línea de defensa en cuanto a agua durante cualquier emergencia, pero también se debe tener un plan a largo plazo en caso de que tus suministros almacenados se agoten o se vean en cierto modo comprometidos. Considera las fuentes de agua alternativas como tu plan "B".

Fuentes más comunes de agua de emergencia:

1. **Agua de lluvia**—Recogida, desinfectada y almacenada en recipientes seguros para agua. Toma medidas para evitar la contaminación por animales, insectos y fuentes ambientales.

2. **Derretir hielo o nieve**—Puede ser un proceso laborioso intenso que requiere de una fuente de calor que necesita combustible.

3. **Estanque, río o arroyo**—Debe transportarse y tratarse de manera segura, lo que puede llegar a ser sumamente laborioso.

4. **Agua de la piscina**—A menos que esté realmente clorada en exceso o de algún modo contaminada, por lo general, se podrá beber de forma segura pequeñas cantidades de agua de la piscina. Evita el consumo de grandes cantidades si no estás seguro. (El agua de piscina podría estar expuesta también a otros contaminantes ambientales que pudieran hacer que no fuese segura). Ten siempre precaución.

5. **Spa o jacuzzi**—Probablemente no tenga tan buen sabor, pero puede utilizarse como último recurso, siempre en pequeñas cantidades.

6. **Tanque calentador de agua**—Un calentador de agua típico puede contener 50 galones (189 L) o más. Evita agua que contenga óxido, suciedad o que tenga un olor fétido.

7. **Cisterna del inodoro**—El agua de la cisterna es, por lo general, segura, si no tiene aditivos químicos. Nunca bebas agua de la taza del inodoro.

8. **Agua atrapada en la tubería de la vivienda**—Abrir el caño en el punto más bajo de la vivienda y dejar que se drene el agua de las tuberías. Cerrar el conducto principal del agua al primer signo de contaminación u otros problemas con el suministro de agua.

9. **El líquido de frutas y hortalizas en conserva** es una buena fuente de hidratación.

10. **Hielo derretido del congelador**—Los recipientes plásticos de agua congelada tienen la doble finalidad de mantener frío el congelador durante un corte de energía y suministrar agua potable adicional una vez que el hielo se ha derretido.

NOTA: Nunca consuma ni use agua que tenga un olor, color o sabor extraño. El agua poco potable debe ser tratada siempre. Toda agua deber ser considerada poco potable hasta haber sido desinfectada. Su primera opción debería ser siempre la de almacenar suficiente agua potable mucho antes de cualquier desastre.

AGUA E HIDRATACIÓN

AGUA E HIDRATACIÓN

Deshidratación y electrolitos:

El agua es un elemento fundamental que nuestro cuerpo necesita para su adecuado funcionamiento. La deshidratación tiene lugar cuando la cantidad de agua que sale del cuerpo excede la cantidad de agua consumida. Esto es común con temperaturas altas, durante esfuerzo físico intenso y en casos de enfermedad. Además de beber agua, también se deben mantener niveles adecuados de minerales esenciales.

La deshidratación es sumamente peligrosa y puede rápidamente derribar incluso a la persona más fuerte y que se encuentre en mejor forma física. Los muy jóvenes y los ancianos son los de mayor riesgo. Evitar la deshidratación siempre será mejor que luchar para tratarla "a posteriori". Los síntomas de la deshidratación pueden incluir:

Deshidratación de leve a moderada:	Deshidratación severa:
Dolor de cabeza	Sed extrema
Confusión	Respiración y ritmo cardiaco rápidos
Sed	Disminución o ausencia de orina, u orina oscura
Malestar general	
Vértigos y/o desmayo	Disminución de la presión arterial
Boca seca	
Menor producción de orina	Boca muy seca
Ausencia de lágrimas al llorar	Ausencia de lágrimas al llorar
Estreñimiento	Fiebre
Calambres musculares	Irritabilidad o confusión
Temperatura corporal elevada	Ojos hundidos

Mantenerse bien hidratado es fundamental y debe ser una prioridad absoluta. NUNCA descuides el agua.

UN VISTAZO A LA SUPERVIVENCIA

Bebida casera simple para reemplazo de electrolitos

Esta bebida de fácil preparación reemplazará los electrolitos y oligoelementos perdidos durante el esfuerzo físico intenso o cuando uno se deshidrata. Una deficiencia de electrolitos puede causar calambres musculares y abdominales, vértigos, náuseas y confusión. Prepara tu propia bebida para el reemplazo de electrolitos con los ingredientes naturales más saludables y más eficaces que el cuerpo absorbe con facilidad (y que te horran dinero). Es fácil:

Ingredientes:

1 cuarto de galón (950 ml) de agua limpia desinfectada.

1 taza (240 ml) de jugo de naranja recién exprimida (sustituir por 1/3 de taza (80 ml) de concentrado de jugo de naranja si no hay disponible fresco).

½ limón/lima recién exprimida (sustituir por 8 cucharaditas (39 ml) de concentrado de jugo de limón/lima si no hay disponible fresco).

1/3 taza (80 ml) de miel (sustituir por 1/3 taza (80 ml) de azúcar orgánico/morena sin refinar si no hay miel disponible).

1/2 cucharadita (2.5 ml) de sal marina.

AGUA E HIDRATACIÓN

AGUA E HIDRATACIÓN

Instrucciones:

Mezclar la sal y la miel (o el azúcar) en una (1) taza (240 ml) de agua a temperatura ambiente. Agregar el agua restante y mezclar bien. Si es posible, enfriar y beber según la necesidad. (El cuerpo absorbe los líquidos frescos en forma más rápida y más eficaz que los líquidos tibios o fríos).

SEGURIDAD PERSONAL Y AUTODEFENSA

LO QUE DEBES SABER

- La prioridad más importante en cualquier situación de supervivencia es la seguridad y la defensa personal.

- Ninguna cantidad de alimentos, agua u otros suministros te beneficiará si estás muerto o gravemente herido.

- Durante (y particularmente después de) cualquier catástrofe, la policía y otras entidades de primeros auxilios, probablemente, estén abrumados y con muy poco personal. No debes confiar en la ayuda de ninguna persona fuera de tu grupo inmediato.

- Tu meta principal es la de mantenerte a ti mismo y a tu familia seguros y protegidos.

- La seguridad personal, las habilidades de autodefensa y la preparación te proporcionarán opciones para protegerte a ti mismo y a tu familia.

- El mejor enfrentamiento es aquél que nunca sucede. Siempre que sea posible, evita las confrontaciones violentas, sin importar que tan bien preparado puedas estar.

- Si te es posible, huye de la amenaza—aléjate tan rápidamente y silenciosamente como sea posible.

- Si no puedes evitar la amenaza, debes estar preparado, dispuesto y ser capaz de protegerte a ti mismo y a tu familia.

- Si tienes que involucrarte, ten los medios para hacer frente a la amenaza de un modo rápido y decisivo.

- Tener un plan viable para refugiarte en el lugar donde te encuentras y suministros te permitirá evitar el caos fuera de tu puerta principal y complementarán tu plan de seguridad.

- Los delitos violentos son una de las principales preocupaciones que pueden afectarnos en cualquier momento, no sólo durante una catástrofe. Siempre deberás estar plenamente consciente de tu entorno, preparado para lo inesperado y listo para defenderte.

- Es importante tener un plan viable y comunicar los detalles de dicho plan a todos los miembros de tu grupo. Pon a prueba tu plan; si hay deficiencias, realiza los ajustes que correspondan.

LO QUE DEBES HACER

- Realiza evaluaciones realistas y prácticas de autodefensa con frecuencia; identifica y aborda las deficiencias antes de cualquier situación de crisis.

- Desarrolla y mantén un plan de seguridad y autodefensa para tu grupo—comunica todos los detalles y asegúrate de que todos comprendan su papel y sus responsabilidades.

- Mantén una mentalidad adecuada y evita convertirte en el objetivo/víctima.

- Se consciente de tu entorno, de cualesquier amenazas potenciales y siempre ten un plan.

- Desarrolla múltiples niveles de seguridad parcialmente coincidentes y emplea el sentido común.

- Evita las confrontaciones siempre que sea posible.

- Si no eres capaz de huir de una amenaza, debes tener los medios y la mentalidad para neutralizar de manera decisiva a tu oponente y acabar la pelea rápidamente.

- Refuerza el perímetro, puertas y ventanas de tu casa contra los intrusos.

- Instala un sistema de seguridad, cámaras y sistemas de alerta temprana para que te alerten de peligros potenciales y de cualquier violación de la seguridad.

- Ten suficientes suministros para refugiarte discretamente en el lugar por un periodo de tiempo prolongado.

- Durante una situación de crisis, mantén un nivel de seguridad elevado. No traigas a nadie a tu casa. Si tienes que entablar una conversación, hazlo afuera. La gente desesperada a menudo hace cosas desesperadas—no corras riesgos innecesarios.

- Evita exhibir las luces de noche. Si no hay electricidad, las luces avisarán a todo el mundo que tienes suministros o, como mínimo, te calificarán como un objetivo de interés.

- No entables conversaciones con extraños, sin importar que tan patéticos pudieran parecer.

Consejo rápido de preparación

Habilita un pequeño cuarto "seguro" en tu casa para situaciones de emergencia. Este será el refugio de último recurso durante condiciones meteorológicas inclementes o durante un allanamiento de la vivienda.

SEGURIDAD PERSONAL Y AUTODEFENSA

- Mantén un perfil bajo y evita llamar la atención hacia ti mismo o a tu grupo.

- Obtén una capacitación adecuada, desarrolla tus habilidades y ten instrumentos para defenderte contra las amenazas.

- Mantén un nivel alto de fortaleza física, resistencia y habilidades de autodefensa.

Consejo rápido de preparación

Si decides utilizar armas de fuego para autodefensa y protección, debes obtener la capacitación adecuada. Es importante conocer y cumplir con las leyes vigentes en tu jurisdicción.

LO QUE DEBES OBTENER

- **Puertas de madera sólida o de metal de alta resistencia**—Para todas las entradas exteriores y cualquier tipo de entradas que conduzcan a un dormitorio o al área "segura" dentro de su casa.

- **Herrajes de seguridad en las puertas**—Cerrojos, mecanismos protectores de traba, placas de refuerzo y barras de seguridad.

- **Ventanas resistentes a los impactos**—Vidrio laminado, diseñado para permanecer íntegro en una sola pieza y proteger contra clima extremo o robos.

- **Película de seguridad para vidrios**—Película de seguridad extra fuerte, resistente a la rotura que protege las ventanas en caso de robos y de clima extremo manteniendo los fragmentos de vidrio unidos si rompen la ventana. (No detendrá a intrusos decididos, pero los retrasará y eso le dará a usted tiempo para escapar, replegarse, o armarse).

- **Sistema de alarma**—Sensores en todas las puertas y ventanas, detectores de movimiento, de humo y de vidrios rotos, botones anti-pánico y sirenas montadas en el interior y en el exterior con indicadores LED.

- **Extintores de incendios y detectores de humo**—El fuego es un gran problema de seguridad antes, durante y después de una catástrofe.

- **Cámaras de seguridad**—Con una grabadora de video digital y capacidad de infrarrojo nocturno.

- **Armas de fuego y un generoso suministro de municiones defensivas.**

- **Chalecos antibalas** para todos los miembros de tu grupo.

- **Capacitación en armas de fuego** con instructores calificados y mucha **práctica** de calidad.

- **Una caja fuerte** u otro compartimento de almacenamiento seguro para todas las armas de fuego.

- **Armas defensivas menos letales**—Bastón, aerosol de gas pimienta, arma paralizante, bate de béisbol, barra de hierro, etc. (Son bastante menos efectivas que las armas de fuego en una situación de defensa propia, pero es mejor que no tener nada).

- **Suministro adecuado de alimentos, agua, insumos médicos, etc.** para evitar salir fuera durante una situación de crisis, al menos hasta que haya pasado lo peor.

Consejo rápido de preparación

Mantén la mentalidad adecuada y el conocimiento de la situación para evitar convertirte en una víctima.

UN VISTAZO A LA SUPERVIVENCIA

ESCOGIENDO UN ARMA DE FUEGO PARA DEFENSA PROPIA:

- **Precio:** Las armas de fuego no son económicas; los costos de la munición también pueden contribuir a elevar la suma rápidamente. Encuentra el equilibrio entre lo asequible y lo eficaz.

- **Tamaño y características:** ¿El arma es para la defensa en casa o para transportarla de forma oculta? Las pistolas más grandes, por lo general, son más fáciles de manejar y de disparar. Las pistolas más pequeñas son más difíciles de controlar, pero son más fáciles de ocultar y transportar. No existe un arma de fuego de "talla única" que se adapte a todo; prueba las diferentes opciones y juzga por ti mismo.

- **Calibre:** La mayoría de los expertos en autodefensa no recomiendan nada que sea más pequeño que un arma con cartucho 9mm para autodefensa.

- **Elección:** Escoge un arma de fuego con la que sea fácil entrenar y fácil de aprender a usar.

- **Mantenimiento:** Elige un arma de fuego que sea de fácil limpieza y mantenimiento. Las armas de fuego sucias pueden ser peligrosas y tienen más probabilidad de fallar cuando las necesitas.

- **Opciones:** Elige un arma de fuego que ofrezca una amplia selección de piezas, accesorios y opciones.

NOTA: Hay muchos recursos disponibles sobre el tema de la elección de un arma de fuego para autodefensa. Es imposible abarcar todas las consideraciones necesarias en esta guía. Pero deberías tomarte el tiempo para familiarizarte con las opciones disponibles y elegir la que funcione mejor para ti y tu particular situación o circunstancias. Lo más importante es ser capaz de defenderte a ti mismo y a tu grupo/familia.

Consejo rápido de preparación

Necesitarás fortaleza física, resistencia, habilidades de autodefensa y herramientas adecuadas para protegerte a ti mismo y a tu familia. Mantente físicamente activo y aprende habilidades básicas de autodefensa.

PRIMEROS AUXILIOS Y ATENCIÓN MÉDICA

LO QUE DEBES SABER

- Los accidentes y las lesiones se van a producir y lo único que uno puede hacer es estar preparado.

- Durante una catástrofe, los centros de atención médica y el personal (incluyendo las salas de emergencia de hospital, los doctores, el personal sanitario y el de primeros auxilios) podrían estar saturados o totalmente inaccesibles.

- Cada hogar necesita un botiquín de primeros auxilios bien surtido y suministros médicos básicos de emergencia.

- El botiquín de primeros auxilios está diseñado para el tratamiento de situaciones que no son de emergencia, que tal vez no requieran un médico o de un hospital, pero que aun así se necesita atención médica para evitar complicaciones, o para tratar una situación de emergencia que requiera intervención inmediata hasta que la persona pueda ser tratada por un profesional de la salud.

- Es importante que conozcas los conceptos básicos de primeros auxilios y estés preparado para evaluar y estabilizar a una persona lesionada hasta que llegue la ayuda.

- Evitar una lesión siempre es mejor que tener que tratarla. No corras riesgos innecesarios y evita situaciones de peligro, especialmente durante una situación de crisis.

49

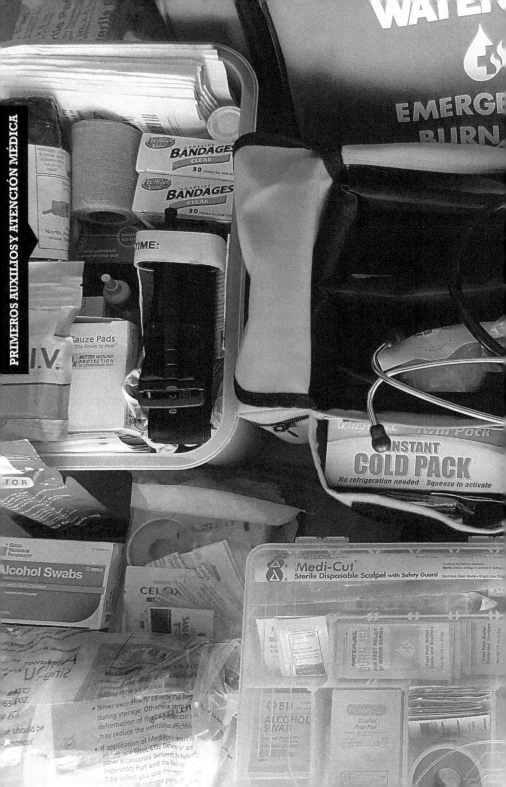

- El conocimiento de la situación y de los aspectos de seguridad puede ayudar a impedir muchas lesiones. Estate atento a lo que ocurre a tu alrededor, y muestra respeto saludable por las situaciones peligrosas.

- Aprende a manejar lesiones comunes, incluyendo heridas, quemaduras, cortes, traumatismos, etc.

LO QUE DEBES HACER

- Consulta con tu profesional de la salud y solicítale orientación sobre medicamentos, precauciones o los preparados que tal vez necesites hacer para tu situación médica.

- Almacenar como mínimo un suministro de medicamentos de venta libre y medicamentos recetados que utilizas tú y tu familia de manera habitual para un periodo de 90 días.

- Pide a los miembros de tu grupo/hogar que tomen una clase básica de primeros auxilios.

- Solicita al menos a una persona de tu grupo que se capacite para manejar soporte vital pre-hospitalario en traumatismos y lesiones de traumatismos violentos.

Consejo rápido de preparación

Hacer tu propio botiquín de primeros auxilios es fácil, pero recuerda que incrementar y mantener un botiquín funcional es un proceso continuo que requiere la actualización y renovación de los suministros.

- Si no estás seguro de qué hacer, con frecuencia lo mejor es no hacer nada que pueda terminar causando más daño.

- Mantén tu cuerpo fuerte y saludable para ayudar a evitar problemas médicos durante una situación de crisis.

- Mantén una buena salud dental para evitar infecciones y otras complicaciones que pudieran agudizarse durante una situación de emergencia.

- Mantente al día con todas las vacunas recomendadas.

- Toma suplementos para proporcionar a tu cuerpo las vitaminas y minerales necesarios.

- Evita las situaciones de alto riesgo o peligrosas que te exponen a peligros innecesarios.

- Nunca tomes o administres a otra persona ningún medicamento que no le fue específicamente recetado a dicha persona.

LO QUE DEBES OBTENER

Necesitarás suministros para cuatro botiquines diferentes, como se indica a continuación:

- **Básico**—Utilizado para lesiones menores y situaciones que no representan una amenaza para la vida, y que tal vez requieran atención médica para evitar complicaciones.

- **Más surtido**—Contiene además de todos los artículos que se incluyen en el botiquín básico, suministros más amplios para tratar situaciones de emergencia hasta que la persona lesionada pueda ser llevada a un médico o a un hospital.

- **Táctico para traumatismos**—Contiene además de todos los artículos incluidos en el botiquín surtido anterior, suministros para tratar traumatismos graves y hemorragias que ponen en riesgo la vida hasta que llegue ayuda médica o se pueda llevar a la persona a un centro médico.

- **Botiquín para el vehículo**—Contiene además de todos los artículos incluidos en el botiquín táctico para traumatismos, suministros que tal vez puedas necesitar mientras estás en la carretera, específicamente adaptados para los tipos de carretera y de terreno por los que viajas normalmente.

Botiquín básico de primeros auxilios

- **Torniquete**—Un dispositivo de compresión para aplicar presión y controlar hemorragias en las extremidades superiores e inferiores.

- **Gránulos hemostáticos para el tratamiento de heridas**—Ayuda a detener la hemorragia.

- **Juego de embolo y aplicador de gránulos para coagulación de sangre.** Ayuda a detener el sangrado de una herida pequeña y penetrante.

- **Compresas de gasa**—Grandes compresas para limpiar, comprimir y vendar las heridas.

- **Vendaje triangular**—Vendaje multi-uso para comprimir heridas diversas; adecuado para esguinces o huesos fracturados.

- **Vendaje táctico para traumatismos, vendaje al estilo israelí**—Aplica presión directa para detener la hemorragia en una herida sangrante.

- **Tiras para el cierre de heridas**—Un sistema estéril de cierre de heridas.

- **Película transparente**—Apósito diseñado para proteger zonas de piel y de heridas.

- **Guantes quirúrgicos de nitrilo**—Guantes desechables sin látex para minimizar la contaminación bacteriana cuando se vendan heridas o se atiende al herido (los guantes sin látex evitan reacciones alérgicas).

- **Tiras adhesivas sanitarias**—Selección de diferentes tamaños.

- **Esparadrapo**—Esparadrapo a prueba de agua en diversos tamaños.

- **Vendaje elástico** (3 pulgadas) (7.62 cm)—Da soporte a las partes del cuerpo lesionadas y proporciona compresión donde se necesita.

- **Pomada antibiótica triple**—Trata y previene las infecciones en cortes, raspaduras y quemaduras menores.

- **Gel para el tratamiento de quemaduras**—Calma, refresca y alivia temporalmente el dolor de quemaduras menores.

- **Povidona yodada (solución al 10%)**—Desinfectantes tópicos de referencia. Mata los gérmenes de quemaduras, cortes y raspaduras menores.

- **Almohadillas impregnadas con alcohol**—Usadas para limpiar y desinfectar, de fácil almacenamiento y utilización. Desechables.

- **Mascarilla protectora facial RCP**—Te permite dar resucitación boca a boca sin riesgo de contaminación.

- **Ibuprofeno**—Reduce el dolor y la inflamación.

- **Acetaminofeno**—Baja la fiebre y alivia el dolor.

- **Aspirina**—Para casos en que se sospecha de un ataque cardíaco.

- **Compresa fría instantánea**—Plan alterno para el dolor y la inflamación, si no hay disponibilidad de hielo.

- **Hidrocodona**—Para el dolor realmente severo – puede causar dependencia y resulta peligroso en caso de mala utilización. (Debes consultar con tu médico antes de tomar cualquier medicamento de prescripción y vas a necesitar una receta).*

- **Ciprofloxacino**—Un antibiótico de amplio espectro para atacar las bacterias. La gran arma para las infecciones bacterianas. (Debes consultar con tu médico antes de tomar cualquier medicamento de prescripción y vas a necesitar una receta.)*

PRIMEROS AUXILIOS Y ATENCIÓN MÉDICA

- **Loperamida**—Detiene la diarrea que puede causar deshidratación potencialmente mortal.

- **Termómetros desechables**—Termómetros clínicos estériles, de un sólo uso, livianos, precisos y desechables.

- **Hidratación de electrolitos portátil**—Tabletas de hidratación activa, solubles en agua y fáciles de utilizar.

- **Accesorios de primeros auxilios**—Linterna con pilas de repuesto, tijeras de uso general, tijeras para vendajes, fórceps.

Botiquín de primeros auxilios más surtido (además del botiquín básico)

- **Líquidos endovenosos y agujas** (diferentes tamaños)

- **Suturas** (diferentes tamaños)—Ten una variedad

- **Porta-agujas, tijeras para suturas y fórceps**

- **Antibióticos**—Para tratar las infecciones bacterianas. (Debes consultar con tu médico antes de tomar cualquier medicamento de prescripción; vas a necesitar una receta.)*

- **Inyección de epinefrina**—Utilizado para tratar reacciones alérgicas potencialmente mortales causadas por mordeduras de insectos, alimentos, medicamentos, látex etc. (Vas a necesitar una receta y también vas a necesitar saber cómo utilizarla de la manera correcta.)*

- **Equipo para la presión arterial**—Brazalete de calidad para medir la presión arterial y estetoscopio.

- **Bolsa de reanimación**—Para proporcionar ventilación cuando la respiración de una persona es insuficiente o ha cesado.

- **Parches oculares**—Para vendar lesiones oculares.

- **Lavado de ojos**—Solución de irrigación estéril para la limpieza ocular de emergencia.

- **Carbón activado**—Para tratar las intoxicaciones y los gases intestinales.

- **Parches protectores o molesquín**—Para cubrir y proteger ampollas y piel sensible.

Consejo rápido de preparación

Mantener varios botiquines de primeros auxilios bien surtidos — Los botiquines Básicos, Más Surtidos y Específicos para Traumatismos son los mejores.

- **Equipo berman oral para las vías respiratorias**—Para mantener las vías respiratorias abiertas. De uso único, exento de látex.

- **Férula de aluminio**—Ayuda a dar soporte e inmovilizar extremidades lesionadas.

PRIMEROS AUXILIOS Y ATENCIÓN MÉDICA

Equipo para Traumatismos Táctico

Mantener un equipo para traumatismos táctico para heridas graves u otras hemorragias potencialmente mortales.

- **Torniquete**—Un dispositivo de compresión para aplicar presión y controlar las hemorragias en extremidades superiores e inferiores.

- **Gránulos hemostáticos para el tratamiento de heridas**—Ayuda a detener el sangrado.

Consejo rápido de preparación

Guardar un suministro para un mínimo de 60-90 días de todos los medicamentos recetados que tú o los miembros de tu familia tomen de forma habitual.

PRIMEROS AUXILIOS Y ATENCIÓN MÉDICA

- **Aplicador de gránulos para la coagulación sanguínea y equipo de émbolos**—Ayuda a detener el sangrado de una herida pequeña penetrante.

- **Gasas** (4x4-pulgadas) (10.16 cm x 10.16 cm)—Almacena una gran cantidad de estas.

- **Vendaje triangular multiuso.**

- **Guantes de exploración de nitrilo**—Guantes desechables exentos de látex.

- **Vendaje elástico** (3 pulgadas) (7.62 cm)

- **Vendaje Israelí** (4 pulgadas) (10.16 cm)

- **Apósito torácico**— Para el manejo de heridas penetrantes en el pecho.

Consejo Rápido de Preparación

Los suministros del botiquín de primeros auxilios de un vehículo deben ser revisados y rotarse con una frecuencia mayor, ya que dichos botiquines quedan, a menudo, expuestos a temperaturas extremas y a la humedad.

UN VISTAZO A LA SUPERVIVENCIA

La siguiente es una lista de algunos de los antibióticos más comunes:

- **Ciprofloxacino**: Utilizado para tratar o prevenir el ántrax, entre otras cosas.

- **Amoxicilina**: Un antibiótico de penicilina utilizado para tratar muchos tipos de infecciones diferentes causadas por bacterias.

- **Eritromicina**: Utilizada para tratar la bronquitis, difteria, legionela, tos ferina, neumonía, fiebre reumática, enfermedad venérea, infecciones del oído, intestino, pulmón, tracto urinario y de la piel. Algunas veces utilizada en pacientes con alergia a la penicilina en lugar de la amoxicilina.

- **Cotrimoxazol**: Elimina las bacterias que causan infecciones en el tracto urinario, pulmones, oídos e intestinos (diarrea del viajero).

- **Doxiciclina**: Combate las bacterias dentro del cuerpo. Utilizada para tratar la neumonía, enfermedad de Lyme, infecciones cutáneas, ántrax, infecciones del tracto urinario y para prevenir la malaria.

NOTA: Los antibióticos pueden causar efectos secundarios y reacciones alérgicas. Para proteger tu salud, toma sólo antibióticos recetados por tu médico y sigue las instrucciones.

*NOTA: LEE ESTO – MUY IMPORTANTE

Tener suministros médicos y medicamentos y utilizar dichos suministros de la forma correcta son dos cosas enteramente diferentes. Nunca debes tomar un medicamento de prescripción que no te haya sido debidamente recetado a ti por un profesional médico calificado. No debes tomar ningún medicamento con el que no estés familiarizado antes de consultar con tu médico o con un profesional de la salud calificado. Algunos medicamentos, incluidos antibióticos, pueden tener efectos secundarios graves y en algunas personas pueden causar más daño que bien. El uso no supervisado de cualquier medicamento de prescripción es sumamente peligroso y puede ser potencialmente mortal. Habla con tu médico o averigua qué medicamento(s) él/ella recomienda para tu situación particular y asimismo conversa con tu médico sobre los riesgos de utilizar cualquiera de esos medicamentos para tu(s) dolencia(s). Averigua si tienes alguna alergia a algún medicamento (por ejemplo, a la penicilina) y asegúrate de que otros miembros de tu grupo o de tu familia conozcan tus alergias en caso de que te lesiones y no seas capaz de comunicarte con el(los) que te suministra(n) los cuidados sanitarios.

La información provista en esta guía se suministra para fines ilustrativos únicamente y no ofrece, ni tiene la intención de ofrecer, consejo profesional de tipo médico ni de ningún otro tipo a ningún lector. Cualquier utilización de la información contenida en este libro será exclusivamente bajo cuenta y riesgo propio del lector.

HIGIENE Y SANEAMIENTO

LO QUE DEBES SABER

- El saneamiento tiene que ver con la eliminación adecuada de la basura y desechos humanos y con mantener un medio ambiente limpio a fin de reducir al mínimo la posibilidad de propagar la contaminación y enfermedades.

- La falta de saneamiento e higiene adecuadas pueden matar con la misma rapidez que la falta de alimentos, de agua o de seguridad.

- Durante una catástrofe, la falta de agua potable, la recuperación de residuos sólidos y la carencia general

Consejo rápido de preparación

Nada de lo que puedas hacer tendrá jamás el 100% de eficacia para impedir la propagación de las enfermedades o la contaminación. Pero unas sencillas precauciones pueden reducir al mínimo las posibilidades de que estas condiciones se propaguen entre tu grupo. Asegúrate de establecer y comunicar con claridad estos procedimientos que salvan vidas a todos los miembros de tu grupo.

de saneamiento adecuado puede hacer que las zonas urbanas queden prácticamente inhabitables.

- La planificación y preparativos adecuados te pueden ayudar a mantener tu higiene y tu salud.

- El saneamiento es, probablemente, una de las áreas más descuidadas en la planificación de supervivencia.

- Se puede mantener la higiene y el saneamiento con algunos preparativos básicos y planificación; no necesitarás ningún equipo ni herramientas complicadas o costosas.

- Durante una catástrofe es especialmente importante mantener un ambiente limpio y e higiénico en el cual vivir, dormir y comer.

- La acumulación de desechos humanos, basura y agua estancada va a atraer roedores, insectos y otras plagas portadoras de enfermedades.

- Vas a necesitar una planificación básica, suministros y un claro entendimiento de cómo evitar situaciones que te pueden perjudicar.

- Evitar un problema siempre es mejor que luchar por arreglarlo después de

Consejo rápido de preparación

Debes abastecerte de todos los suministros necesarios con anticipación. La mayoría de estos artículos son relativamente baratos y no perecederos; tus suministros se conservarán durante muchos años si los almacenas correctamente.

haberse producido. Esto es especialmente cierto con respecto al saneamiento y la higiene.

LO QUE DEBES HACER

- Haz del saneamiento y de la higiene una prioridad absoluta para evitar la propagación de infecciones y enfermedades.

- Ten un plan y suministros para deshacerte de manera eficaz de los residuos humanos y de la basura.

- Ten suministros y un plan para mantenerte limpio con cantidades mínimas de agua (o sin agua).

- Usa platos, tazas y utensilios de plástico/papel desechables.

- Almacena papel higiénico, toallas, servilletas y pañuelos de papel.

- También almacena bolsas plásticas para la basura, baldes plásticos de 5 galones (18.9 L) con tapa, toallitas húmedas/geles/jabones y productos para la higiene personal antibacterianos.

- Prepara una solución de tres partes de agua mezclada con una parte de lejía para uso doméstico, y ponla en una botella rociadora para higienizar y desinfectar las manos.

- Bebe agua embotellada siempre que sea posible.

- Desinfecta siempre el agua poco potable antes de usarla. (Ningún agua es fiable hasta después de haber sido desinfectada.)

- Utiliza agua desinfectada para preparar los alimentos.

- Utiliza agua desinfectada para lavar los artículos utilizados para comer o para preparar los alimentos. Mejor aún, utiliza tazas, platos, etc., que sean desechables.

- Lávate las manos con jabón y agua desinfectada tan a menudo como sea posible, especialmente después de usar el inodoro o de cuidar de alguien que tenga diarrea o esté enfermo.

- Almacena siempre agua que esté claramente marcada como desinfectada en un recipiente limpio y tapado para evitar que se vuelva a contaminar.

- Usa ropa, guantes y mascarilla quirúrgica de protección cuando trates con alguien que tenga diarrea, o con alguien de quien se sabe o se sospecha que está enfermo. (La mascarilla tiene la finalidad de impedir que, de forma inadvertida, te toques la boca o la cara con las manos sucias.)

- Usa prendas, guantes y mascarilla quirúrgica de protección cuando te deshagas de heces o al realizar la limpieza de los servicios higiénicos.

- Usa bolsas plásticas para poner las heces/pañales y deshazte de todas esas bolsas plásticas en un recipiente plástico o metálico para la basura tan lejos como sea posible de tus alimentos, agua y área de la vivienda.

LO QUE DEBES OBTENER

He aquí una lista de suministros básicos. Adapta estos suministros a tus necesidades y circunstancias personales. Recuerda, esto es sólo un punto de partida.

1. **Baldes de 5 galones (18.9 L) y tapas**—Estos baldes tienen muchos usos y son muy duraderos.

2. **Lejía de uso doméstico** (sin aroma).

3. **Botellas rociadoras** (de diversos tamaños).

4. **Jabón antibacteriano**—En líquido y en pastilla.

5. **Geles antibacterianos** y desinfectantes para manos.

6. **Toallitas húmedas antibacterianas.**

7. **Aerosoles desinfectantes**—Para el control de malos olores y desinfección de superficies.

8. **Productos para la limpieza del hogar**—Surtido de los productos más comúnmente utilizados.

9. **Alcohol y toallitas impregnadas de alcohol**—Para la higienización y desinfección.

10. **Bolsas plásticas de alta resistencia para la basura** (de diversos tamaños).

11. **Inodoros portátiles**/de estilo camping.

• **Mascarillas**—Mascarillas de alta calidad N95.

• **Guantes de nitrilo**—Amplio surtido de diferentes tamaños.

• **Protección ocular**—Para protegerse de salpicaduras.

• **Papel higiénico, toallas y servilletas de papel.**

• **Platos y tazas de plástico, desechables.**

• **Tenedores, cucharas, cuchillos y cubiertos desechables.**

• **Bicarbonato de sodio**—Desodorante, limpiador, extintor de fuego, para frotar o cepillar la fruta y las hortalizas.

• **Vinagre blanco**—Elimina gérmenes y malos olores; utilizado como limpiador.

• **Excrementos de gato**—Para cubrir los residuos humanos en inodoros portátiles o improvisados.

HIGIENE Y SANEAMIENTO

HIGIENE Y SANEAMIENTO

Un Vistazo a la Supervivencia

Lavado de manos con cantidad mínima de agua:

Vas a necesitar mantener tus manos limpias para evitar propagar enfermedades e infecciones, pero lavarte las manos con agua poco potable únicamente fomentará la propagación de contaminantes. He aquí algunos consejos para ayudarte a mantener tus manos limpias, utilizando una cantidad mínima de tu preciada agua desinfectada:

- Usa gel con alcohol o alguna otra forma de desinfectante para manos antimicrobiano; estos productos pueden ser eficaces a corto plazo.

- Lávate las manos utilizando una pequeña cantidad de agua y jabón en un balde o en el lavabo. Enjuágatelas en otro recipiente, volviendo a usar una pequeña cantidad de agua limpia, luego, sécate con una toalla de papel. (No manipules los recipientes de agua con las manos sucias. En vez de eso, pide a alguien de tu grupo que vierta agua limpia sobre tus manos.)

- Prepara una solución de tres partes de agua limpia y una parte de lejía no perfumada, y vierte la solución en una botella rociadora. Pide a otra persona que te rocíe las manos mientras tú te las frotas. Enjuágatelas con agua limpia, y sécatelas al aire o usa una toalla de papel limpia.

SALIR RAPIDAMENTE
(EVACUAR)

LO QUE DEBES SABER

- Evacuar es el acto de abandonar tu ubicación presente con gran prisa y reubicarte en una ubicación más segura y más protegida, por lo general con una mochila para emergencias preparada con anticipación.

- Evacuar puede ser sumamente peligroso y únicamente debería tenerse en cuenta como último recurso. Tu casa, normalmente, será el lugar más seguro donde puedas permanecer después de una catástrofe.

- La evacuación requiere suministros, un plan, un lugar de destino, un plan y un lugar de destino alternativos y los medios para poder llegar allí de manera segura.

- A veces, puede que sea necesario evacuar, incluso sin tener un lugar adonde ir ni un plan. Si pierdes tu casa a causa de un incendio, destrucción, delincuentes, etc., podrías tener que abandonar el lugar por razones de seguridad. Es la razón por la que necesitas un plan, planes alternativos, suministros y una mochila para emergencias bien surtida, incluso si no piensas evacuar.

69

SALIR RAPIDAMENTE (EVACUAR)

- La mayoría de la población no estará preparada en absoluto para tratar con ninguna catástrofe que dure más de unos cuantos días. Muchos intentarán huir de las zonas urbanas, pero no habrán planeado ningún lugar de destino y pocos, si algunos, tendrán suministros.

- La mayoría de las tiendas de comestibles, estaciones de servicio y bancos se verán desbordados por gente desesperada en busca de alimentos, agua, gasolina y dinero en efectivo a fin de abandonar la zona. Los saqueadores y los criminales se enfocarán rápidamente en los segmentos de la población más vulnerables, como víctimas fáciles.

- Las carreteras, autopistas y otras arterias del transporte quedarán rápidamente desbordadas por los niveles de tráfico sin precedentes y por los vehículos abandonados.

LO QUE DEBES HACER

- Evalúa tus vulnerabilidades y opciones con bastante antelación a cualquier catástrofe.

- Formula tus planes y siempre ten planes alternativos para irte o quedarte.

- Haz tu propia mochila para emergencias (un equipo para 72 horas) y personalízala para adaptarla a tus necesidades y circunstancias particulares.

- Evalúa regularmente tus planes de evacuación. Un plan que no ha sido probado es tan bueno como no tener ningún plan en absoluto. Si tu plan falla durante la prueba, todavía tienes oportunidad de modificarlo.

- Revisa, rota y mantén actualizado el contenido de tu mochila para emergencias con regularidad. Mantén todos los suministros vigentes.

- Establece una relación y planes con personas ubicadas fuera de tu comunidad. De otro modo, no esperes recibir una cálida bienvenida cuando te presentes de un modo inesperado después de una catástrofe.

- Ten un mapa de tu(s) ruta(s) prevista(s) de evacuación, con los lugares de interés marcados, incluyendo las comisarías de policía/ estación de bomberos, hospitales y fuentes de agua. (Marca también las zonas a ser evitadas.)

- Aprende a navegar utilizando una brújula.

- Mantén al menos un vehículo con el tanque lleno de combustible, que esté listo para salir de un momento a otro. Este vehículo debe estar mecánicamente en buenas condiciones y ser, desde un punto de vista realista, capaz de llevarte a tu lugar de destino previsto.

- Determina y mantén un acceso confiable a combustible adicional de emergencia para tu vehículo. Almacenar combustible puede ser peligroso. Utiliza únicamente recipientes aprobados por las autoridades locales, estatales y federales para su almacenamiento y transporte, y siempre almacena tu combustible en una zona bien ventilada, lejos de tu casa, del

Consejo rápido de preparación

El dinero manda. Durante una crisis, es probable que los cajeros automáticos y las terminales de tarjetas de crédito no funcionen y es posible que los bancos estén cerrados. Ten suficiente dinero en efectivo a mano que te pueda ser de ayuda para sacarte de la ciudad. (Los billetes de menor denominación son la mejor opción; reparte tu dinero en distintos bolsillos y guarda un poco escondido en un monedero-canguro para colgar a la cintura cuando se viaja).

calor o de la luz solar directa. (Verifica las leyes locales para saber cuánta cantidad de combustible te está permitido almacenar).

LO QUE DEBES OBTENER

- **Una mochila de gran resistencia** con fuertes correas acolchadas. Evita las mochilas tácticas o de apariencia militar. Una mochila negra sencilla puede mezclarse entre la multitud y, normalmente, es la mejor opción.

- **Brújula y mapa** de tu(s) zona(s) de viaje prevista(s).

- **Alimentos energéticos ligeros**, barras de proteínas, comidas preparadas aptas para el consumo, tentempiés, caramelos duros, goma de mascar.

- **Agua embotellada, filtro(s) portátil(es) de agua, pastillas purificadoras de agua, yodo, y lejía líquida para uso doméstico.**

- **Linterna/faro tipo LED con pilas de repuesto, barras luminosas** (2-6).

- **Radio** (de preferencia con manivela) o con pilas de repuesto.

- **Teléfono celular y cargador.**

- **Botiquín de primeros auxilios**—Pequeño botiquín con un poco de cada cosa que puedas necesitar.

- **Medicación de prescripción** (para un mínimo de 72 horas, o más si es posible).

- **Mascarillas (N95), guantes de nitrilo, protectores para los ojos y los oídos.**

- **Tabletas de yoduro de potasio** para proteger la glándula tiroides de la radiación.

- **Parche protector o molesquín**—Para proteger los pies sensibles cuando se camina largas distancias.

- **Protector solar y repelente de insectos.**

- **Multi-herramientas, cuchillos grandes y pequeños, tijeras pequeñas y un sacapuntas compacto.**

- **Kit para encendido de fuego de emergencia, fósforos a prueba de agua, encendedor(es).**

- **Jabón, pequeñas toallas de mano, gel antibacteriano, rollo de papel higiénico de tamaño para viaje, un pequeño suministro de productos para la higiene personal.**

- **Vaselina** (tubo pequeño) para proteger la piel y los labios, encender un fuego y como lubricante de herramientas, etc.

- **Lona de plástico, poncho impermeable, cuerdas(s) de *bungee*, mantas isotérmicas.**

- **Muda de ropa extra, calcetines, sombrero, guantes y zapatos/ botas cómodos para caminar.**

SALIR RAPIDAMENTE (EVACUAR)

Consejo rápido de preparación

No empaques artículos en exceso. Caminar largas distancias con una bolsa pesada atada a tu espalda es sumamente difícil. Empaca tu mochila para emergencias con lo esencial y dispón de una segunda mochila con artículos aconsejables, pero no de primera necesidad. Si, a lo largo del camino, necesitases descargar peso, podrás dejar la segunda mochila, regalarla, o intercambiarla por otros suministros.

- **Dinero en efectivo** (billetes de menor denominación y algunas monedas)—Como mínimo $250.00 a $500.00 dólares.

- **Fuente de calor** (latas tipo gel de combustible)—Estufa pequeña de combustible sólido o velas.

- **Cinta aislante y cinta eléctrica, bolsas plásticas con cierre hermético, cuerda de paracaídas Paracord 550** (100') (30 m).

- **Armas de fuego, cargadores y munición extra, gas pimienta, bastón, etc.**

- **Bolsa plástica resistente al agua** para guardar copias de documentos importantes (pasaporte, permiso de conducir, tarjeta de la Seguridad Social, permiso para portar armas ocultas, etc.).

- **Unidad flash o memoria USB** (protegida con contraseña) conteniendo copias escaneadas de documentos legales y financieros importantes.

- **Lista de información de contacto**, números telefónicos, direcciones, etc.

- **Tarjeta telefónica de prepago** (en caso de que tu teléfono celular se pierda/dañe o si el servicio no funciona).

Adapta el contenido de tu bolsa a las condiciones previstas del tiempo, época del año y al terreno por el que viajarás.

REFUGIARSE EN UN LUGAR
(OCUPAR UN ALOJAMIENTO TEMPORAL)

LO QUE DEBES SABER

- Ocupar un alojamiento temporal (refugiarse en un lugar) es lo opuesto de evacuar. Es permanecer en el lugar y mantener un perfil bajo.

- La finalidad de ocupar un alojamiento temporal es permitirte a ti y a tu grupo permanecer en una ubicación protegida y bien surtida hasta que vuelva a ser seguro salir al exterior y/o viajar.

- Si te ves obligado a ocupar un alojamiento temporal, lo más probable es que la situación fuera de tus puertas sea sumamente peligrosa.

- En muchas de las situaciones en las que hay que refugiarse, probablemente no tengas acceso a tiendas de comestibles, supermercados, estaciones de servicio, electricidad, agua u otros servicios públicos.

Consejo rápido de preparación

Utilizar la iluminación de noche cuando no hay energía eléctrica advertirá de tu presencia a todo tu alrededor. Haz lo que necesites hacer durante el día. Por la noche, échate y permanece en silencio.

79

American
Red Cross

Together We Prepare

REFUGIARSE EN UN LUGAR

ULTRA BRIGHT 50
HIGH PERFORMANCE FLASHLIGHTS

ZOOM IN

BT

BATTERY TESTER

Reading the meter

AUTOMATIC EMERGENCY
ALERT SYSTEM

HAZARDS
ATHER RADIO

ALL HAZARDS
EMERGENCY ALERT MONITOR

OREGON
SCIENTIFIC   SNOOZE

10:38

NOAA

NOAA

SPEAKER ON STANDBY

AA / 4
DURA
COPPERTOP

AAA
DURA
COPPERTOP

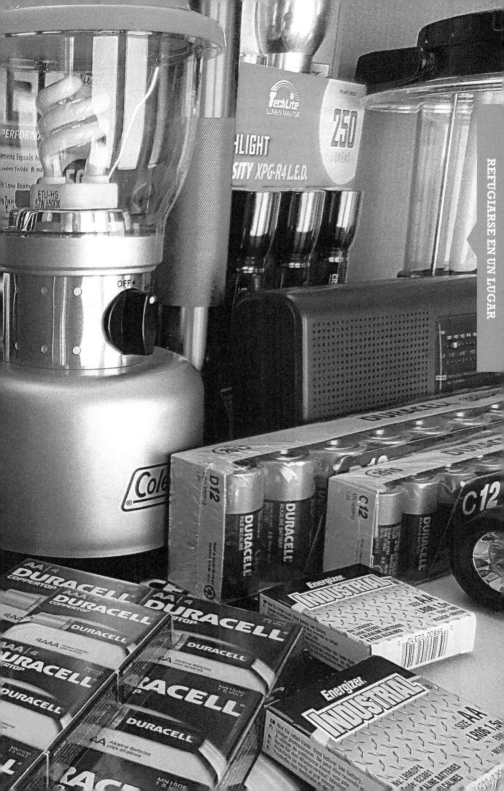

REFUGIARSE EN UN LUGAR

- Un exitoso plan para refugiarse en un lugar debe abordar de manera eficaz las necesidades básicas de supervivencia—vas a necesitar una gran cantidad de suministros. Si no estás bien preparado, refugiarte en un lugar no será la opción para ti.

LO QUE DEBES HACER

- Elabora un plan para ocupar un alojamiento temporal que te permita atender todas tus necesidades sin abandonar tu ubicación y sin exponerte. No descuides ninguna necesidad especial que pudieras tener tú o tu grupo.

- No te preocupes ni elabores plan para amenazas concretas. Elabora el plan o los preparativos abordando conceptos básicos de supervivencia—alimentos, agua, primeros auxilios, seguridad, autodefensa, desinfección e higiene.

- Analiza tu plan con todos los miembros de tu grupo y asegúrate de que todos comprenden cuál es su papel y sus responsabilidades.

- Ten un plan alterno en caso de que tu posición se vea comprometida y te veas forzado a irte del lugar. (Prepara una mochila para evacuación para cada miembro de tu grupo, por si acaso).

Consejo rápido de preparación

No cocines mientras estás refugiado en un lugar. El olor de alimentos cocinándose puede sentirse a gran distancia, y va a transmitir a todo el mundo que tienes suministros.

- Comprueba tu(s) plan(es) con bastante antelación a cualquier catástrofe y haz cualquier modificación en caso necesario.

- Mantente fuera de la vista. Permanece dentro de tu casa y mantén las ventanas y las puertas aseguradas con llave y protegidas.

- No llames la atención hacia tu ubicación—evita la iluminación de noche, encender generadores y cocinar.

- Desecha toda la basura/residuos de la manera más segura y discreta que sea posible.

- Escóndete a plena vista. Haz que tu ubicación se vea lo más discreta posible. No hagas nada que llame la atención hacia ti.

LO QUE DEBES OBTENER

- Un surtido de alimentos abundantes en calorías, no perecederos, que no requieran refrigeración ni cocción y precisen muy poca o ninguna preparación. Las opciones de 'calentar y comer' son las

Consejo rápido de preparación

El ruido de un generador eléctrico anunciará tu presencia a millas de distancia y te marcará como un objetivo de interés. En zonas cerradas, los gases de escape procedentes de un generador pueden ser letales. Sé sumamente cuidadoso cuando tengas que utilizar cualquier tipo de generador de combustión interna.

mejores. Almacena 2000 calorías por persona y por día, para un periodo no inferior a 90 días (ver el capítulo 2).

- Almacena un suministro de emergencia para un plazo corto de tres a cuatro semanas, como mínimo, de agua embotellada o agua del caño en recipientes seguros para almacenar agua, o para más tiempo si es posible. Haz planes considerando al menos dos galones (7.6 L) por persona al día, para beber. Almacena agua extra para otros usos (ver el capítulo 3).

- Armas de fuego, un suministro generoso de munición defensiva y capacitación adecuada (ver capítulo 4).

- Suministros de primeros auxilios y médicos (ver capítulo 5).

- Un suministro bien surtido de papel higiénico, toallas de papel, platos desechables, cubiertos de plástico, tapas de papel, bolsas para la basura de gran resistencia, baldes plásticos con tapa para 5 galones (18.9 L), toallitas húmedas antibacterianas, geles, jabones y otros productos para la higiene personal (ver capítulo 6).

- Ten una mochila para emergencias lista para salir en caso de que las circunstancias te fuercen a abandonar tu ubicación (ver capítulo 7).

- Comunicación—Ten una radio (con manivela, de ser posible) con pilas de repuesto.

- Linternas, faroles, barras luminosas, radio meteorológica, pilas de repuesto.

- Herramientas—Mantén un surtido de herramientas y equipo.

- Generador eléctrico—Un generador eléctrico puede ser una espada de doble filo. Puede ser un bien valioso, pero también puede ser una desventaja grave si llama la atención hacia tu ubicación. Ten un generador con combustible extra, piezas, aceite, etc., pero utilízalo sólo cuando sea absolutamente necesario y con muchísima precaución.

REGRESANDO A CASA
(REOCUPACIÓN DE VIVIENDAS PERMANENTES)

LO QUE DEBES SABER

- Si hay una catástrofe mientras estás fuera de casa, necesitas un plan y un acceso de confianza a suministros que te ayuden a regresar a casa a salvo.

- Durante una catástrofe, no es raro que la gente se sienta invadida por el miedo y la conmoción, o que se derrumben totalmente de forma física y emocional.

- Durante las etapas iniciales de una crisis, no debes esperar recibir asistencia inmediata ya que la mayor parte de los socorristas estarán abrumados de trabajo.

- Si vives en un área urbana densamente poblada, es probable que tu situación sea mucho peor, ya que habrá un mayor número de personas que estarán necesitando asistencia y un posible rescate.

- Necesitas un plan y suministros que te ayuden a llegar a casa lo más pronto posible—necesitas una Mochila de Supervivencia para Volver a Casa (MSVC).

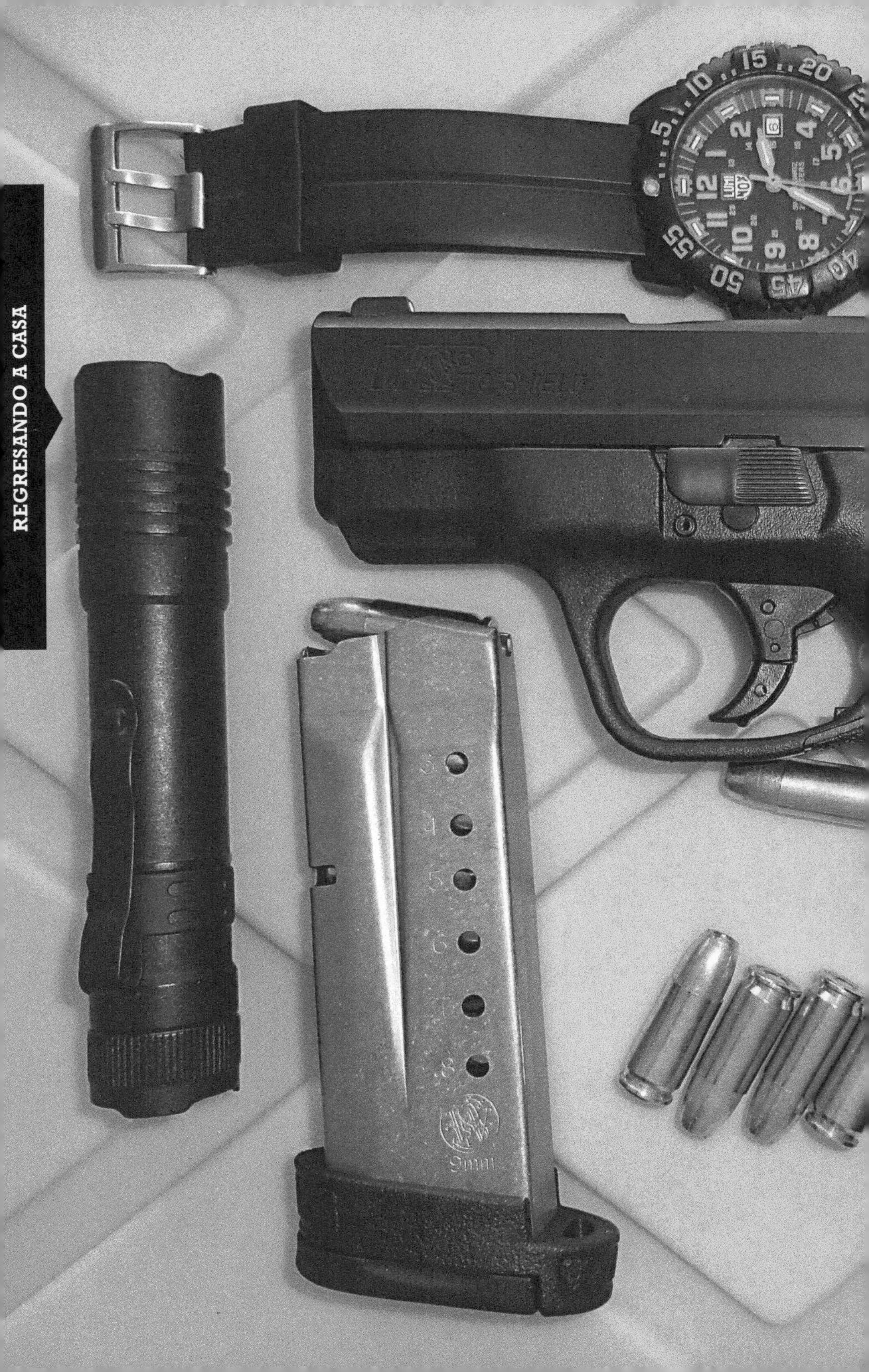
9mm

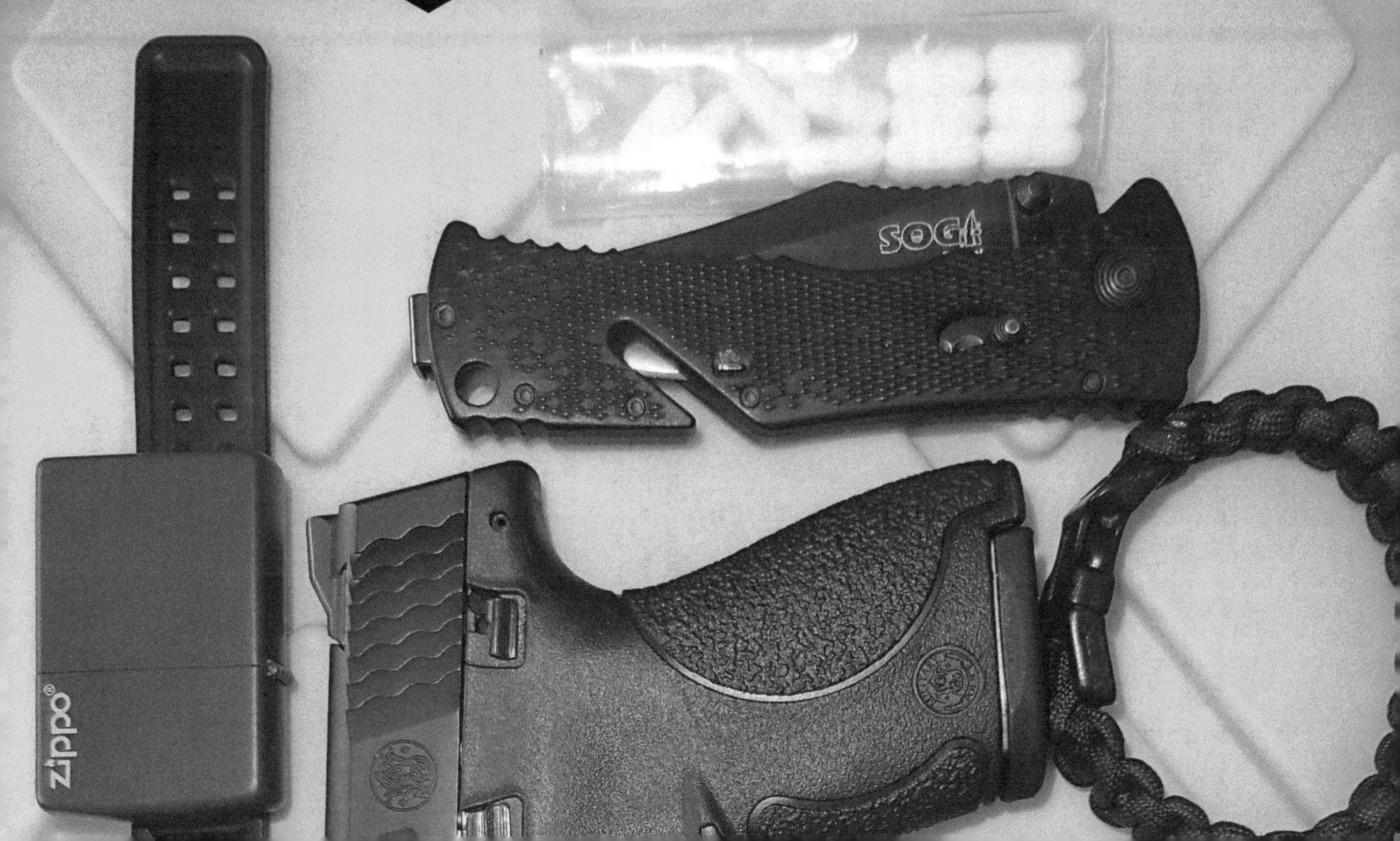
SOG
zippo

- Una MSVC contiene suministros para auto- rescate, evacuación y para llegar a casa.

- Si no tienes una MSVC para volver a casa en tu oficina, negocio, escuela o vehículo, necesitas conseguir una lo antes posible.

LO QUE DEBES HACER

- Prepara una MSVC con suministros que te ayuden a llegar a tu vivienda después de una situación de crisis o de una catástrofe. El contenido de tu mochila va a variar dependiendo de tus circunstancias, dónde pasas la mayor parte de tu tiempo, tus necesidades médicas y físicas y el clima donde vives. A continuación se presenta una lista para ayudarte a empezar.

- Ten un plan para llegar a casa. Deja una copia de tu plan y rutas previstas (y alternativas) que esperas tomar para llegar a casa. Incluye un lugar(es) de encuentro(s) previamente acordados en tu plan. Calcula las distancias y las horas de viaje.

- Busca una ubicación segura y protegida donde guardar tu mochila de supervivencia para regresar a casa.

- Asegúrate de que tu mochila esté vigente (sin productos vencidos) y en un lugar accesible en todo momento.

- La mochila física no debería tener señales distintivas y ser completamente simple—en ningún momento debería llamar la atención hacia ti o hacia la mochila misma (evita que tenga aspecto militar o táctico).

Consejo rápido de preparación

Los elementos de una mochila de supervivencia para regresar a casa no deben confundirse con los artículos para "Cargar a Diario". Siempre debes llevar contigo los artículos para Cargar a Diario, los que, por lo general, incluyen un arma, una navaja, una linterna y un pequeño suministro de medicamentos de emergencia, un teléfono, etc.

- Haz copias de tus documentos/información personal (pasaporte, permiso de conducir y permisos para portar armas de manera oculta) en caso de que pierdas tu billetera/cartera. Mantén también una lista de todos los contactos y números telefónicos en caso de emergencia.

- Ten una copia física de todos tus medicamentos de prescripción.

- Periódicamente, revisa el contenido de tu mochila; rota y actualiza con frecuencia tus suministros.

- Asegúrate de que todos los miembros de tu casa tengan una mochila de supervivencia adecuada para su situación, edad y capacidades.

LO QUE DEBES OBTENER

- **Mochila mediana** (o una bolsa de estilo similar) con correas de transporte cómodas y compartimentos fácilmente accesibles. El color negro o un color similar es lo mejor para evitar llamar la atención.

REGRESANDO A CASA

Consejo rápido de preparación

Mantén siempre el contenido de tu mochila de supervivencia para regresar a casa vigentes (sin vencer); rota tus suministros con frecuencia. Comprueba tu equipo periódicamente para tener la seguridad de que funciona adecuadamente. Recuerda, el día en que lo necesites, lo vas a necesitar desesperadamente.

- **Linterna de LED de alta potencia, faro con pilas de repuesto.** Ten en cuenta también las barras luminosas.

- **Botiquín de primeros auxilios/suministros médicos**—pequeño suministro de todo lo que puedas necesitar.

- **Medicamentos de prescripción** (para un mínimo de 72 horas, o más si es posible).

- **Tabletas de yoduro de potasio**, para proteger la glándula tiroides de la radiación.

- **Protector solar y repelente de insectos** (si es pertinente).

- **Mascarillas N95, lentes de protección, guantes, tapones para los oídos, un par de lentes graduadas de repuesto.**

- **Navaja y/o herramienta multiusos.**

- **Radio** (preferiblemente de manivela) o con pilas de repuesto.

- **Agua embotellada, barras energéticas, pequeño filtro de agua portátil.**

- **Toallitas húmedas para las manos, gel antibacteriano, rollo de papel higiénico de tamaño para viajes.**

- **Equipo para la lluvia, poncho, mudas adicionales de ropa, sombrero y zapatos/ botas cómodas para caminar.**

- **Parche protector o molesquín**—para proteger los pies cuando se caminan largas distancias.

- **Dinero en efectivo** (billetes pequeños y algunas monedas)—al menos $250.00 dólares.

- **Brújula y mapa** de tu(s) zona(s) prevista de viaje con ubicaciones de interés (hospitales, comisarías de policía, estaciones de bomberos y fuente(s) de agua claramente señaladas.

- **Cinta adhesiva aislante, bolsas plásticas con cierre hermético, cuerda de paracaídas Paracord 550** (50') (15 m).

- **Equipo para defensa personal**—letal o no letal, dependiendo de tus circunstancias.

- **Tarjeta telefónica de prepago** (en caso de que tu teléfono celular se haya perdido/esté dañado o no haya disponibilidad de servicio).

- **Lista de información de contacto**, números telefónicos, direcciones, etc.

- **Bolsa hermética resistente al agua** para guardar copias de tus documentos y papeles importantes.

La única finalidad de una MSVC es ayudarte a llegar a casa. La lista mencionada antes es tan sólo un punto de partida, y vas a necesitar adaptar tu mochila a tus necesidades y circunstancias particulares.

REGRESANDO A CASA

REGRESANDO A CASA

EQUIPO DE EMERGENCIA PARA VEHÍCULOS

LO QUE DEBES SABER

- Los conductores necesitan planificar y prepararse para una emergencia en carretera.

- Un conductor preparado mantendrá un Equipo de Emergencia para Vehículos (EEV) totalmente surtido dentro de su vehículo en todo momento.

- El contenido de tu EEV va a depender de tus circunstancias, de dónde vives y del tipo de carretera por el que transitas normalmente.

- Lo más importante, no obstante, es tener un kit con suministros, herramientas y equipo que te ayude a sobrevivir en una emergencia en carretera.

LO QUE DEBES HACER

- Empieza con un kit básico y amplíalo a medida que tus necesidades cambien.

- Tener herramientas y suministros es importante, pero también debes centrarte en aprender habilidades que te ayuden durante una emergencia en la carretera.

- Mantén tu vehículo en buenas condiciones y hazle puestas a punto, cambios de aceite y mantenimiento de rutina según sea necesario.

- Aprende a leer mapas de carretera y a navegar utilizando una brújula.

- Mantente en buena salud física. Toda situación de supervivencia será más manejable si te encuentras en buen estado de salud.

- Deja siempre una copia de tus planes y rutas de viaje previstas con un amigo, pariente o vecino. Si tú no regresas conforme estaba programado, al menos sabrán por dónde comenzar a buscarte.

LO QUE DEBES OBTENER

- **Linterna/farola LED** con un suministro de pilas de repuesto.

- **Barras luminosas**—Barras luminosas largas.

- **Bengalas**—Bengalas de calidad guardadas en un recipiente a prueba de agua o bengalas electrónicas del tipo LED.

- **Herramientas manuales básicas**— Destornilladores, alicates, llaves inglesas, juego de dados, etc.

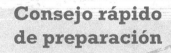

Consejo rápido de preparación

Revisa el contenido de tu EEV de manera frecuente. Actualiza y rota los suministros según sea necesario.

- **Compresor de aire, suministros y herramientas para arreglar un neumático pinchado.**

- **Cables de arranque de la batería**—Cables de calidad (8-12 pies de longitud) (2-4 m)

- **Guantes y protectores oculares**—Protectores oculares resistentes al impacto y guantes de alta resistencia.

- **Botiquín de primeros auxilios**—Debes guardar suministros de calidad y saber cómo utilizarlos.

- **Medicamentos recetados**—Guarda una copia de las recetas y al menos un suministro para un plazo de tres días de cualquier medicamento que tomes.

- **Navaja plegable y herramienta multiusos de calidad.**

- **Pala plegable**, herramienta de excavación para emergencias.

- **Cinta aislante/adhesiva para ductos, bandas de sujeción.**

- **Mantas isotérmicas**—Las mantas multiusos son baratas y fáciles de usar.

- **Mapa de tu zona del trayecto, brújula, cuaderno y lapiceros.**

Consejo rápido de preparación

No esperes a tener un neumático pinchado para descubrir que a tu gato hidráulico le faltan piezas o que tu neumático de repuesto está dañado.

- **Lentes de lectura**—Lentes adicionales a tu par de lentes principal.

- **Agua y alimentos de emergencia no perecederos**—Almacena alimentos y agua para dos personas para un mínimo de tres días. Las mejores opciones de alimentos son las de 'abrir-y-comer' y aquellos alimentos abundantes en calorías.

- **Lata de cinco galones** (18.9 L) para combustible (vacía) con un sifón.

- **Dinero en efectivo**—Billetes pequeños y algunas monedas.

- **Cinta adhesiva para ductos y cinta aislante eléctrica, cuerda de paracaídas Paracord 550** (mínimo 100 pies de longitud) (30 m).

- **Extintor de fuego**—De Clase B (para líquidos y gases) y de Clase C (para equipo de energía eléctrica).

- **Muda adicional de ropa, sombrero, casaca y guantes**—Específica para el clima y adaptada a la estación.

- **Par de zapatos cómodos para caminar de repuesto**—Zapatos/botas para caminar o para excursiones, específicas para el clima, cómodas y duraderas.

- **Toallas**—De múltiples tamaños.

- **Herramientas de autodefensa**—Para protección contra amenazas humanas o de otro tipo.

- **Silbato, material para encender un fuego y espejo para hacer señales**—Especialmente si frecuentas zonas rurales.

- **Información de contacto**—Copia impresa de los números de contacto importantes y de emergencia.

- **Tarjeta telefónica**—Para utilizar en un teléfono de pago o en un teléfono fijo, especialmente cuando viajes fuera de tu código de área.

Consejo rápido de preparación

Mantén tu vehículo en buenas condiciones. Realiza mantenimiento de rutina para evitar problemas mayores más adelante.

PREPARATIVOS LEGALES Y FINANCIEROS

LO QUE DEBES SABER

- A toda crisis, sin importar su gravedad, siempre le seguirá una fase de rehabilitación y reconstrucción.

- Va a ser necesario llenar reclamaciones de seguros, realizar reparaciones, hacer llamadas a los bancos, a los acreedores, a empresas de servicios públicos y a compañías de seguros. Va a haber que tratar con mucha burocracia, que demanda mucho tiempo.

- Si bien muchos documentos legales y financieros son almacenados y registrados electrónicamente por instituciones de terceros, probablemente, después de una catástrofe, no será posible tener acceso a las copias.

- La rehabilitación y reconstrucción son sumamente difíciles (si no imposibles), sin acceso a tu información del seguro ni a documentos legales y financieros.

- Tratar con las secuelas de una catástrofe te será más fácil si te tomas el tiempo para identificar, organizar, copiar y asegurar tus documentos, registros e información personal y de negocios.

- Intentar reemplazar registros y documentos importantes después de una catástrofe va a ser, en algunos casos, sumamente difícil, casi imposible.

LO QUE DEBES HACER

- Céntrate en asegurar los componentes jurídicos y financieros que formarán la base de tus esfuerzos de rehabilitación y reconstrucción después de una situación de crisis.

- Identifica, asegura y saca copias de todos tus documentos, registros, archivos e información del seguro, jurídica y financiera.

- Prioriza tus documentos e información de acuerdo a tres categorías separadas de la siguiente manera: cruciales, importantes y agradables-de-tener. Dirige tus esfuerzos en ese sentido.

Consejo rápido de preparación

Usa una contraseña que incluya una combinación no inferior a quince (15) letras mayúsculas y minúsculas, números y símbolos. Evita usar nombres, fechas de cumpleaños, números telefónicos, direcciones u otra información comúnmente conocida.

- Asegura toda información y documentos personales contra daño, destrucción y robo. Limita el acceso a únicamente a un pequeño grupo de personas de tu confianza.

- Guarda los originales en recipientes a prueba de fuego e impermeables.

- Por seguridad ten copias (impresas/digitales) en ubicaciones redundantes.

- Conserva dispositivos de almacenamiento portátiles seguros y copias impresas que te permitan un acceso rápido y fácil a tus registros en caso de tener que evacuar a toda prisa u otro tipo de emergencias similares.

- Mantén un lugar de almacenamiento externo alternativo en caso de que tu ubicación principal quede de algún modo comprometida o ya no la tengas disponible.

- Copia y escanea todos los documentos y papeles para mantenerlos a salvo.

- Graba y asegura toda información y documentos claves.

- Considera obtener una caja de seguridad en un banco que te

PREPARATIVOS LEGALES Y FINANCIEROS

Consejo rápido de preparación

Un disco duro portátil (para tomarlo y salir) es un modo eficaz de tener una copia de seguridad y almacenar tus archivos más importantes. Protege tu información con una contraseña.

PREPARATIVOS LEGALES Y FINANCIEROS

sirva como punto de almacenamiento externo para los documentos originales. Una caja fuerte, probablemente, no se encontrará accesible durante una situación de crisis, pero tus documentos estarán seguros y puedes sacar copia de respaldo para guardarlas en casa.

Consejo rápido de preparación

Las memorias USB son eficaces, baratas y almacenan una gran cantidad de datos.

LO QUE DEBES OBTENER

- **Unidad de disco portátil y memorias USB.**

- **Caja para documentos hermética e impermeable.**

- **Archivador o caja fuerte con cerradura y resistente al fuego/agua.**

- **Bolsas isotérmicas (Mylar).** El tamaño de un galón es ideal para necesidades de almacenamiento y proporciona a documentos de tamaño estándar (8.5 X 11) (21.59 cm X 27.94 cm) un envase hermético a prueba de agua.

Acerca del autor

Richard Duarte es el autor de *Surviving Doomsday: A Guide for Surviving an Urban Disaster (Sobreviviendo Desastres: Guía para Sobrevivir a una Catastrofe Urbana)*. Richard es un abogado en ejercicio y un ávido aficionado a las armas de fuego. Richard ofrece conferencias y brinda consultoría en las áreas de planificación y preparación para supervivencia urbana, y colabora con diferentes publicaciones escribiendo sobre temas de armas de fuego y preparación. Como padre, abuelo, esposo, y miembro responsable de la sociedad, se niega a delegar la responsabilidad por el bienestar y la seguridad de su familia, y promueve apasionadamente la autosuficiencia y la preparación. Cuando no está escribiendo, hablando, enseñando, o pensando acerca de la preparación urbana, está ocupado dirigiendo su bufete de abogados en Miami, Florida.

Para conocer las últimas noticias y actualizaciones, te puedes conectar con Richard en Facebook, Twitter y a través de su blog.

www.survivingdoomsdaythebook.com
www.facebook.com/survivingdoomsdaythebook
www.twitter.com/SurvivingDoomsd

"No existen garantías en la vida, pero después de cualquier desastre de grandes proporciones, surgirán dos grupos separados y distintos—los Preparados y los No Preparados. Depende de ti a qué grupo pertenecerás. En lo que a mí respecta, el mejor indicador del éxito de este libro será la cantidad de gente que puede ayudar a guiar hacia el grupo de 'los preparados' ".

– Richard Duarte
"¡Mantente a Salvo y Preparado!"

COMPARTE TU EXPERIENCIA

Por favor dedica un momento a publicar una reseña en Amazon.com.

Otras personas apreciarán tus opiniones y puntos de vista.

CPSIA information can be obtained
at www.ICGtesting.com
Printed in the USA
BVHW091556080722
641573BV00010B/995

9 781937 660444